1964
O último ato

Wilson Figueiredo

1964
O último ato

Organização
Vanuza Braga

Rio de Janeiro

© Wilson Figueiredo

Organização, pesquisa e edição
Vanuza Braga

Editoração Eletrônica
Rejane Megale

Revisão
Vera Villar

Capa
Axel Sande (axel@gabinetedeartes.com.br)

Foto de capa
Auremar de Castro/DEDOC Abril

Adequado ao novo acordo ortográfico da língua portuguesa

CIP-BRASIL. CATALOGAÇÃO-NA-FONTE
SINDICATO NACIONAL DOS EDITORES DE LIVROS, RJ

F492u

Figueiredo, Wilson, 1924-
1964: o último ato / Wilson Figueiredo. - 1. ed. - Rio de Janeiro : Gryphus, 2015.
188 p. ; 21 cm. (Wilson Figueiredo ; 1)

ISBN 978-85-8311-038-5

1. Brasil - História - Revolução, 1964. 3. Brasil - História - 1964-1985. 4. Ditadura - América Latina. 5. América Latina - Política e governo - Século XX. I. Título. II. Série.

15-20595
CDD: 070
CDU: 94(81)'1964/1985'

GRYPHUS EDITORA
Rua Major Rubens Vaz 456 — Gávea — 22470-070
Rio de Janeiro — RJ — Tel.: (0XX21) 2533-2508 / 2533-0952
www.gryphus.com.br — e-mail: gryphus@gryphus.com.br

In memoriam
Ao Coronel Carlos Antônio Figueiredo
meu irmão

e os companheiros nos "idos de março"
Antônio Callado
Araújo Netto
Carlos Castello Branco
Cláudio Mello e Souza
Eurilo Duarte
Pedro Gomes

SUMÁRIO

Nota do editor. 9
Prefácio. 11
Introdução. 19

A MARGEM ESQUERDA

A margem esquerda. 31

ANTES

23 de fevereiro. 93
01 de março. 101
15 de março. 109
22 de março. 117
29 de março. 123

DEPOIS

12 de abril. 139
19 de abril. 145

17 de maio 151
24 de maio 157
21 de junho 163

Quem era quem na crise brasileira de 1964 171
Índice onomástico 179
Lista de siglas 183

NOTA DO EDITOR

Este livro reúne artigos escritos pelo jornalista Wilson Figueiredo ao longo do primeiro semestre de 1964 e foi dividido em três partes intituladas *A margem esquerda, Antes* e *Depois*.

A primeira delas é composta pelo artigo *A margem esquerda*, originalmente publicado no livro *Os idos de março e a queda em abril*, organizado por Alberto Dines e publicado em maio daquele ano, no calor dos acontecimentos.[1]

A segunda e terceira partes, *Antes* e *Depois*, reúnem 10 artigos escritos entre os meses de fevereiro e junho de 1964 e foram publicados no *Jornal do Brasil*, na coluna Tema Nacional no Caderno Especial de domingo.

Por tratarem-se de textos escritos há cinco décadas, o autor optou por realizar pequenas alterações de natureza formal, como substituição de palavras ou expressões em

---

1 A obra reuniu textos de 8 jornalistas da redação do *Jornal do Brasil*. Em ordem alfabética foram autores: Alberto Dines, Antônio Callado, Araújo Netto, Carlos Castello Branco, Cláudio Mello e Souza, Eurilo Duarte, Pedro Gomes e Wilson Figueiredo. O livro foi publicado pela José Álvaro Editor.

desuso, atualização gramatical e cortes em alguns artigos mais extensos, cujas abordagens excediam o interesse principal do livro, qual seja, tratar de aspectos da crise política que assolava o País.

Ao longo do livro foram incluídas notas informativas sobre personagens, acontecimentos e instituições, que julgamos úteis ao melhor entendimento do leitor contemporâneo.

Ao final, incluímos uma seção intitulada *Quem era quem na crise política de 1964*, onde elencamos personagens citadas nos textos e informamos seu cargo ou posição naquele ano e no contexto daquela crise, uma vez que a maioria delas tem sua biografia já disponível em diversas obras de referência, como o *Dicionário Histórico-Biográfico Brasileiro (DHBB)* da Fundação Getúlio Vargas.

Agradecemos de maneira especial ao Centro de Documentação e Pesquisa do *Jornal do Brasil* (CPDoc JB) pela cessão dos textos em versão digital, em particular a Eliane Loss, que nos atendeu com eficiência e atenção.

Os editores

PREFÁCIO

Os 50 anos do golpe de 1964, que derrubou o presidente João Goulart, convidam a uma reflexão sobre o significado do próprio golpe e da ditadura militar que então se instalou no Brasil. Para desenvolvê-la, nada melhor do que o testemunho de um jornalista que acompanhou todas as etapas desse processo. Os textos aqui reproduzidos, escritos por Wilson Figueiredo na conjuntura anterior e no período imediatamente posterior à intervenção militar de março de 1964, publicados no *Jornal do Brasil*, nos oferecem essa oportunidade.

Wilson Figueiredo trabalhou durante 45 anos no *JB*, escrevendo editoriais e assinando matérias. Só deixou o jornal quando foi extinta sua versão impressa. Jornalista mais que experiente, com grande prestígio na imprensa e grande número de leitores, apresenta o período histórico em questão com uma linguagem clara e simples, o que faz com que a leitura deste livro seja muito agradável. Além da descrição dos acontecimentos, encontramos relatos qualificando as instituições e a posição dos personagens envolvidos, num texto extremamente rico. Mas um prefácio não é feito só de elogios e de exaltação das ideias do autor: deve levar o leitor a enveredar pelos meandros do tema tratado, e esse é o nosso propósito.

A ditadura militar no Brasil é um tema que preocupa os estudiosos interessados em explicar os acontecimentos que marcaram nossa história. O pesquisador, para fundamentar sua pesquisa, necessita consultar as fontes que informam sobre o período em análise. A imprensa é uma das fontes de pesquisa fundamentais, pois através dela é possível desvendar os aspectos do social, do político, do cultural, do econômico, e entender como os participantes do processo social agem e reagem aos acontecimentos. O dia a dia da atuação dos políticos e dos grupos de esquerda e de direita, no período que antecedeu a queda do governo Goulart, está contido nos textos deste livro, o que nos permite acompanhar detalhes que hoje estão praticamente esquecidos.

O contexto político da época, no chamado mundo ocidental, era de grande exaltação contra o comunismo e a Revolução Cubana. Vivia-se o confronto entre os países ocidentais capitalistas e os países comunistas, e tal situação muito contribuiu para exacerbar as posições ideológicas em conflito no Brasil. O anticomunismo foi usado para difundir o medo junto à classe média e para identificar a concretização das "reformas de base" propostas por Goulart como a passagem do regime capitalista para o comunista. Os jornais, com maior ou menor ênfase, participavam da pregação anticomunista.

Entre agosto-setembro de 1961, quando Jânio Quadros renunciou e João Goulart tomou posse, e o final de 1963, a posição da imprensa brasileira mudou radicalmente. Inicialmente ela defendeu a posse de Goulart e a manutenção do regime democrático, mas em seguida considerou necessária a intervenção dos militares e a quebra do regime até então defendido. A queda do governo Goulart deve ser analisada relacionando-se a crise econômica com a crise política, as orientações ideológicas, os fatores institucionais e a interação dos vários atores políticos.

Alguns estudiosos apontam os fatores econômicos como determinantes na queda do regime democrático (F. H. Cardoso, 1973). Outros enfatizam as variáveis políticas, demonstrando a incapacidade do presidente Goulart de formar uma maioria parlamentar (W. G. dos Santos, 1986). O estudo de René Dreyfuss acentua o papel da burguesia no financiamento e na organização de segmentos da sociedade para levar à derrubada de Goulart. Contrário a essa posição coloca-se Philippe C. Schmitter, que analisa 1964 como uma questão militar. São inúmeras as interpretações sobre os fatores que determinaram a queda do governo constitucional em 1964. Não é possível, aqui, apresentarmos todas as interpretações sobre o tema.

O processo de radicalização crescente que permeou as estratégias políticas dos diversos grupos de esquerda teve início logo após a posse de João Goulart e levou, sem dúvida, ao golpe de 1964. O presidente inicialmente buscou a conciliação. Entretanto, o comício da Central do Brasil no dia 13 de março de 1964 significou o alinhamento de Goulart à política de radicalização pregada pelos grupos de esquerda. Como diz Argelina Figueiredo (2004), a questão democrática não estava na agenda da direita nem da esquerda. A esquerda lutava pelas reformas e considerava necessário ir para o confronto com os grupos que a elas se opunham, mesmo que isso significasse o abandono da democracia. A direita não estava preocupada em manter a democracia, e sim em defender seus privilégios.

O comício da sexta-feira 13 de março dá início aos textos deste livro. Wilson Figueiredo chama a atenção para o fato de que a data escolhida é considerada pelos supersticiosos como dia de azar. A esquerda brasileira, de acordo com o jornalista, desafiou naquele momento a superstição popular porque se sentia muito forte.

Durante o comício, Goulart assinou dois decretos: um nacionalizando todas as refinarias de petróleo particulares, pertencentes a empresários brasileiros, mas que, para os nacionalistas mais radicais, deveriam pertencer à Petrobras; e outro declarando sujeitas à desapropriação as propriedades subutilizadas que ultrapassassem cem hectares, localizadas numa faixa de dez quilômetros à margem de rodovias e ferrovias federais, bem como as terras de mais de trinta hectares quando situadas em zonas que constituíssem bacias de irrigação dos açudes públicos federais.

O comício e esses dois decretos foram a senha para a união dos conspiradores civis e militares, que iniciaram os preparativos para a derrubada de Goulart. A relação entre o comício e o comunismo foi estabelecida pelos jornais, pelos políticos, pela Igreja e pelos empresários. O evento também estimulou o medo da classe média diante da possível implantação de um regime comunista no país. Wilson Figueiredo nos leva a conhecer os detalhes da preparação e da realização do comício da Central. Em seguida, relata as repercussões entre os aliados de Goulart e as propostas que foram sendo formuladas para concretizar as "reformas de base".

A radicalização política agravou-se a partir de então. Em resposta ao comício da Central, foi organizada a Marcha da Família com Deus Pela Liberdade, com a finalidade de sensibilizar a opinião pública contra as medidas adotadas pelo governo Goulart. A iniciativa reuniu setores da classe média temerosos do "perigo comunista". A primeira marcha ocorreu em São Paulo, no dia 19 de março, e depois o evento repetiu-se em outras capitais. No seu artigo do dia 19, Wilson mostra que a marcha em São Paulo reuniu meio milhão de pessoas; entretanto, segundo ele, isso não sensibilizou os grupos de esquerda, que não deram nenhuma importância ao acontecimento.

Na segunda quinzena de março, os militares de oposição a Goulart já se articulavam para agir contra o governo. A Revolta dos Marinheiros iniciada em 25 de março, sob a liderança do Cabo Ancelmo, precipitou os acontecimentos. O texto de Wilson Figueiredo traz detalhes sobre como e por que foi desencadeada a revolta. Mostra que os marinheiros comemoravam o segundo aniversário da Associação de Marinheiros e Fuzileiros na sede do Sindicato dos Metalúrgicos. Eles reivindicavam melhores salários, o reconhecimento de sua associação, a melhoria da alimentação a bordo dos navios e dos quartéis e a reformulação do regulamento disciplinar, e exigiam que nenhuma medida punitiva fosse tomada contra os que estavam ali reunidos. A Associação era considerada ilegal. Os dois mil marinheiros e fuzileiros navais reunidos na comemoração haviam comparecido a um ato proibido pelo ministro da Marinha. O ministro Sílvio Mota emitiu ordem de prisão contra os principais organizadores do evento, os marinheiros rebelaram-se e permaneceram na sede do Sindicato dos Metalúrgicos. No dia 26 de março, o ministro do Trabalho Amauri Silva, representando o presidente da República, fez um acordo com os marinheiros para que eles deixassem o Sindicato, e em seguida eles foram presos. Algumas horas depois, o presidente Goulart anistiou a todos.

Os jornais, que até então defendiam a manutenção do regime constitucional, começaram, a partir dali, a pedir claramente a intervenção das Forças Armadas para o restabelecimento da hierarquia militar, já que Goulart, com sua decisão, sinalizara que permitia sua quebra. O *Jornal do Brasil*, que defendia a continuidade democrática, foi mudando de posição a partir das medidas tomadas por Goulart, conclamou o Exército a restabelecer a legalidade e o estado de direito, e colocou o presidente da República na ilegalidade. Os textos de Wilson Figueiredo no jornal logo após o levante não trazem em nenhum momento um pedido de transgressão das normas democráticas, e sim dão conta das articulações que estavam sendo feitas por Goulart e seus auxiliares para controlar as repercussões negativas dos acontecimentos.

A festa da posse da nova diretoria da Associação dos Sargentos no Automóvel Clube, no dia 30 de março, com a presença de Goulart e com seu discurso, foi a motivação final para que os militares que se articulavam para a deposição do presidente partissem para concretizá-la. Wilson Figueiredo, no dia 31 de março, indica claramente que o golpe militar estava pronto para ser dado. Nos dias seguintes ele relata as decisões tomadas por Goulart e por seus auxiliares para evitar a queda do governo. Os grupos de esquerda que apoiavam o governo, desorganizados e fragmentados, não ofereceram resistência.

O *Jornal do Brasil*, no seu editorial do dia 1º de abril, "Fora da Lei", afirma que, "através das armas do movimento mineiro e paulista de libertação, esse movimento procura imediatamente restabelecer a legalidade que o caudilho não quis preservar, violando-a no que de mais fundamental ela tem: a disciplina e a hierarquia militar". E demonstrando confiança em que os militares iriam restabelecer imediatamente a democracia, prossegue: "As Forças Armadas, responsáveis pela segurança interna e externa do País, saberão encontrar logo a solução constitucional cabível para a imperiosa deposição do caudilho João Goulart". Afinal, conclui que "O Congresso será chamado a dizer quem substituirá o caudilho até as eleições de 1965, que assegurarão a continuidade do regime." O golpe civil-militar foi vitorioso e teve início uma nova fase na história do país. Wilson Figueiredo já no mês de abril começa a questionar os rumos políticos que os militares pretendiam adotar.

A posição da maior parte da imprensa, que foi favorável à derrubada do governo Goulart, começou a mudar com as primeiras medidas tomadas pelos militares: a censura aos meios de comunicação, a perseguição de lideranças políticas, sindicais, intelectuais, e a promulgação do primeiro Ato Institucional, em 9 de abril de 1964, prevendo a cassação de mandatos e a suspensão de garantias constitucionais. Tudo isso fez com que os jornais se distanciassem do governo militar e dessem início às denúncias das arbitrariedades que estavam sendo cometidas pelo novo regime.

A leitura do livro indica que Wilson Figueiredo tinha excelentes informantes, tanto do lado do governo como entre os opositores. A riqueza de detalhes com que mostra a posição dos diferentes atores envolvidos em todo o processo faz desta coletânea um excelente material de pesquisa, contribuindo para analisar o período. Por outro lado, os leitores que viveram esse momento histórico e as gerações que chegaram depois vão encontrar nos textos material para repensar os problemas que o regime militar deixou.

Alzira Alves de Abreu

Doutora em sociologia pela Universidade Paris V – Sorbonne.
É pesquisadora da Fundação Getúlio Vargas e coordenadora do
Dicionário histórico-biográfico brasileiro (DHBB).

ASSIM FOI COMO PARECEU
(A QUEM O VIVEU)

A passagem do tempo transcorrido desde quando a Constituição de 1946 foi para o espaço em 1964, não guarda notícia ou memória de interessados em reavaliar, sem as emoções dos que o viveram, na sequência e nas consequências do que se passou (ou do que deixou de passar), as múltiplas e variadas interpretações que pesam sobre o dia 31 de março de 1964. Ficou faltando, principalmente, examinar o desempenho de vencedores e vencidos à luz dos fatos e do tempo que tinha pressa. A nação estava politicamente dividida e socialmente atônita, e não se recuperaria logo. A nova Constituição de 1946 tinha de dar conta do longo período de 15 anos (1929-1945) sem liberdade, mas ficou no meio do caminho. O desencontro entre os antecedentes do período (sem omitir a violência da polícia política) e a liberdade desequilibraram o ciclo histórico da Constituição. O último governo da série (Jânio-Jango) apressou o final por alguma razão que a razão não levou em conta. É o que veremos.

Quatro mandatos presidenciais, sucessivos e descontínuos, foram insuficientes para consolidar a restauração democrática depois do Estado Novo. Passados 15 anos sem eleições presidenciais, elegeram-se pelo voto direto os presidentes Eurico Gaspar Dutra, Getúlio Vargas (finalmente), Juscelino Kubitschek e Jânio Quadros. Nessa ordem. Com exceção do primeiro, os três outros usufruíram de mandatos trepidantes. Todos, política e eleitoralmente, bem servidos. Mas nenhum se livrou do castigo de passar pelo inferno.

Voltando no tempo: de presidente provisório por três anos, na sequência do ocorrido em 1930 e, assim que possível, acrescidos dos 4 anos de legalidade por conta da Constituinte de 1934, Getúlio Vargas chegou finalmente a ditador em 11 em novembro de 1937. Pela via eleitoral indireta e graças ao vento universal da direita que soprava a favor das ditaduras. Em boa parte por força das circunstâncias em curso no Velho Mundo, onde a Segunda Guerra já era uma fatalidade em contagem regressiva.

Pela ordem de entrada das personagens em cena, o presidente Eurico Dutra, eleito em 1945 (o primeiro, depois de 15 anos sem eleição, direta ou indireta) não considerou dignos de paz os novos tempos. A imagem pública dele não era favorável. Falava pouco e não fazia muito. Acabou com os cassinos e as roletas, devolveu o PCB à ilegalidade e se entediou. Vargas, JK e Jânio, nessa ordem, foram dramáticos, cada qual ao próprio feitio. Aos poucos, a vida política nacional adquiriu contorno trágico. Pairava sobre o País um toque de fatalidade. Ainda por cima, ou por baixo, à Constituição de 1946 coube a função de biombo para o retrocesso histórico.

A sucessão presidencial de 1950, um mandato depois de retomado o caminho eleitoral, matou a saudade dos eleitores, mas fez meia volta: trouxe Getúlio Vargas numa espiral que pegou de surpresa a opinião pública propriamente dita. Da classe média para cima, o retorno não foi assimilado. Mas já era outro Getúlio. Voltou pelo voto, a política era a mesma. A classe média ainda não sabia quando o futuro viria para ficar. Recolheu-se ao conformismo, sua característica universal. Em seguida, a eleição de Juscelino Kubitschek encarregou-se de confundir as linhas cruzadas entre uma visão crítica do passado e o futuro incerto. Mas valeram o advento do automóvel nacional e uma nova capital, para encurtar a história. Em resumo: Dutra não quis saber do resto da história, mesmo com inicial minúscula. Vargas saiu morto do Palácio do Catete, antes de completar o mandato, por sinal o único obtido nas urnas. JK, ao passar o poder ao sucessor, já era candidato à volta em cinco anos, depois de cumprir o prazo de carência. As pesquisas de opinião pública piscavam-lhe os olhos e sorriam. E Jânio Quadros defenestrou-se e rachou a normalidade constitucional ao renunciar com sete meses de governo. Era o começo do fim. Plantou versões variadas, mas que não pegaram de muda. A intenção era outra, mas ficou sendo renúncia mesmo. O Congresso não quis conversa: seria indelicadeza recusar ao presidente o que ele havia comunicado, e não consultado.

O Brasil pensou dar um passo atrás para engrenar dois à frente, segundo a fórmula clássica leninista, mas não saiu do lugar. Desde 1946, sob a nova Constituição, os brasileiros depositaram as esperanças definitivas numa democracia durável, voltada para novos tempos e ungida pela restauração da política, sob contagiante euforia democrática. A eleição de Dutra jogou água fria, cedo demais, no oposicionismo triunfante antes da hora. O mandato sem turbulência coube exclusivamente ao primeiro dos quatro novos presidentes da República, antecedidos e sucedidos por duas ditaduras que ficaram como referência.

O fato foi que, de 11 de novembro de 1937 a fevereiro de 1945, mais 7 anos de severa abstinência democrática, batizados de Estado Novo, custaram a perda das liberdades, prisões arbitrárias e imprensa arrolhada. Mas o Brasil teria navios de variado porte e uso torpedeados pelos submarinos alemães, e a opinião pública saiu às ruas para empurrar o governo na contradição fatal – a declaração de guerra à Alemanha. A nossa ditadura pegou a onda dos regimes fascistas e fascistoides, mas não foi suficiente. Feito em cinzas o poder de fogo do nazismo, a ditadura por aqui já era. Lá e cá não havia liberdade política, nem de imprensa. Aqui, porém, a ditadura perdia substância e cedia para ganhar tempo. (Se encolheu e se recolheu em tempo).

A mobilização popular, o passo seguinte, ganhou voz e saiu às ruas, à medida que a ditadura perdia as condições de reprimir manifestações em favor da declaração de guerra à Alemanha e, na etapa seguinte, mobilizar a latente vontade popular de ver os soldados brasileiros nos campos de batalha da Europa. A UNE escreveu essa página na História do Brasil ao liderar a mobilização popular em favor da ida dos pracinhas, na sequência da declaração de guerra à Alemanha e à Itália. Partidos políticos estavam dissolvidos desde o golpe de Estado de 1937.

Com o fim da guerra, em maio de 1945, a restauração geral das liberdades, sob os efeitos universais da vitória aliada e da volta da Força Expedicionária Brasileira, o Rio, ainda capital federal, transbordou de euforia democrática como atestado de maioridade política. Não consta, ainda hoje, que tenha havido outra demonstração de seiva nacionalista equivalente à recepção popular dos pracinhas, no desembarque da Praça Mauá à Cinelândia, com excesso vibrante de lotação humana.

É bom lembrar que, também em 1946, o Palácio Tiradentes abrigou os constituintes que representavam, graças ao voto restabelecido como moeda da democracia, um novo ciclo de esperança. Pairava sobre a nação a consciência de que novos tempos se desenhavam no mundo inteiro. A nova Constituição foi reverenciada como um pacto democrático, mas os excessos da repressão policial, sob o rigor do Estado Novo, ficaram imunes, e a consequência foi a repetição da violência sem limites, oculta na repressão que (tanto em 1937 quanto a partir do AI.5 em 1968) nivelou duas ditaduras que não gostavam de ser tratadas como tais. A herança das crueldades ficou à disposição e, como de hábito onde não vicejam as liberdades, os excessos foram a medida do medo.

Em 1964 a situação se inverteu, mas já em outra versão: a segunda ditadura, no mesmo século XX, teve apenas militares ao leme, e tratamento diferenciado. Os confrontos armados, anos depois (quando o AI.5 já imperava), longe dos olhos e dos meios de comunicação, vinham ao conhecimento público depois de terminados: informavam o número de mortos. A imprecisão geográfica do noticiário censurado escamoteava o essencial. O resto ficava por conta das versões orais. Nada mais tinha a ver com João Goulart ou com os partidos anteriores, reduzidos ao mínimo, para simplificar as aparências. A razão da luta armada, porém, tinha pouco a ver com a causa da democracia, cuja esquerda dava preferência aos votos e mandatos eletivos.

A luta armada, assim referida (como não podia deixar de acontecer), emergiu em seguida no vácuo deixado pela desintegração política dos partidos (governo e oposição tolerada), para começo de conversa fiada sobre democracias restritas. Era fictícia a categoria parlamentar que representava a oposição: contava tempo à espera de acontecimentos que duravam mais do que a média de vida humana normal.

A ditadura propriamente dita, à sombra escura do AI.5, não foi contestada abertamente, por falta de condições e culpa da mão pesada da censura sobre os meios de comunicação. Travou-se uma batalha invisível aos olhos humanos, da qual só se sabia pela estatística dos mortos.

Ainda em tempo: a renúncia de Jânio Quadros foi um curto hiato rapidamente superado pelas consequências. Não havia o que discutir: tinha sido a vontade presidencial. Pegou de surpresa a opinião geral. Sem intermediários. E assim a discutida e negociada posse de João Goulart roubou a cena republicana e ganhou prioridade. O lance de Jânio teve, no tempo certo, tratamento à maneira de Pirandelo: assim foi como pareceu a quem o viveu.

Jânio, o último presidente daquela série histórica, ficou em cena por apenas sete meses. O vice-presidente João Goulart, longe do país mas herdeiro legal do poder, começou na China a dança ritual para vencer a prevenção que, a princípio anônima e, logo depois, perfilhada pelos ministros militares, vetou com mão pesada e explícita a posse do herdeiro natural do poder. Era a crise, sem disfarce nem cerimônia.

A razão contra Goulart datava dos antecedentes políticos, desde quando ministro de Vargas. Prevenção de raiz. A razão política reapareceu e tanto fez e negociou que, enfim, acertou-se a posse do vice ao preço de uma temporada experimental de parlamentarismo. Sabiam todos, militares e civis, que a solução indigesta não passaria de recurso temporário para amaciar a retirada do veto sem ferir os brios do universo representativo. Assim foi. Mais uma vez.

Daí para frente, não se olhou mais para trás. Depois do plebiscito que repassou-lhe os poderes presidenciais, Goulart veio a ser a revelação que poucos consideraram apta a dar conta do recado de esquerda relativa, dado o inconformismo dos mais radicais. Que, aliás, iam mais longe do que as propostas que voavam alto, e das quais Jango era portador pelas razões que a razão conhecia de sobra.

Ao reverso, porém, da imagem sem brilho oral e sem elegância discursiva, o presidente empossado – os jornais da época o apresentavam com perfil intimidado e fraco peso político específico – superou seus limites e valeu-se das lideranças regionais da esquerda, de Leonel Brizola e Miguel Arraes, além de perfis mais discretos, porém ativos. E nem assim se impôs às variantes de uma abertura à esquerda, um passo adiante que fosse, na direção da democracia.

Jango era então, sem o peso da carga ideológica, grande proprietário rural e, como contraste, comprometido com a reforma agrária, num toque diferente na política brasileira. Talvez um favor da crise aberta pela renúncia desconcertante de Jânio Quadros, que ficou definitivamente para trás e não recuperou a diferença perdida. Ou, quem sabe, a assinatura do sobrenatural.

Era, portanto, a hora de passar à iniciativa e liberar as consequências. Ou abrir espaço a um debate sem fim. A responsabilidade política era exclusiva de Jânio Quadros, o resto ficaria por conta das consequências implícitas e temidas. Estava na Constituição que a candidatura a presidente não levaria a tiracolo a figura do vice. O candidato a vice de Jânio Quadros era Milton Campos, da UDN. Mas a eleição de vices era autônoma. Riscos e benefícios por conta de cada um (antes de ser de todos, como ocorreu com o prejuízo).

E assim se entendeu melhor quando as consequências se atropelaram: houve um cálculo oculto na autonomia das campanhas eleitorais do candidato e do vice. Um cheiro de enxofre, a marca do diabo, vinha a calhar ao destino de Jânio, interessado em ter como alternativa um vice de baixo teor político na parte mais alta da sociedade - como lhe parecia Goulart – a título de garantia política. De vice não passaria. Tal raciocínio foi decisivo para a renúncia presidencial ser de difícil digestão política. Ao contrário, foi mais fácil do que a encomenda. A surpresa foi assimilada por ser geral. A confusão paralisou a opinião pública e desautorizou a ilusão de benefícios de que a autonomia de candidaturas era portadora.

O detalhe perdeu-se pelas mesmas razões, consideradas do ângulo oposto: a renúncia foi aceita sem pestanejar. A questão estava resolvida, mas às avessas para servi-lo: a vice-presidência ficou para João Goulart e não para Milton Campos. O vice mais votado tinha sido Goulart e o prêmio ficou para ele. Era da Constituição o critério. O erro de cálculo político teve efeito contrário, mas pouco se tratou por esse lado. A crise veio pela culatra e o efeito liquidou a questão em duas etapas: Jango assumiu o poder e o segurou com dificuldade.

A discussão não explicitava a razão oculta, qual seja, eleições separadas para presidente e vice-presidente, e nunca foi lançada sobre a mesa, fosse em plenário ou nas mesas de bar, por um sentimento de culpa que fez os políticos andarem, desde então, de cabeça baixa e levarem desaforo para casa. E o tempo, sempre ele, não teve a delicadeza de assimilar as consequências que atropelaram a democracia sempre recomeçada no Brasil. É instintivo e de efeito breve.

O presidente soterrado pelas versões esperou em vão uma iniciativa razoável da esquerda para contornar o risco disseminado pelo medo. Ir ou não em frente era o dilema de Goulart. No último dia, Jango se retirou de cena, sem qualquer explicação pública: a expectativa se esvaziou e, como a natureza não suporta o vácuo, a presença militar ocupou o espaço vazio.

Não houve proclamações. Nenhum manifesto. A ocupação do espaço oficial – o próprio governo - se desligou da expectativa que havia criado e alimentado. Desde então, a roda passou a girar ao reverso. O pensamento político nacional estava desatualizado em relação ao mundo, e não se compatibilizou com as ideias que floriam na nova oportunidade de paz para todos.

A partir de certo ponto, entre tantos deixados de lado, não era mais questão política, posta à margem da História e superada pelo tempo. Nem de equívocos de opinião. E, muito menos, paixão humana. Houve indícios e fatos dignos de consideração da verdade objetiva e não apenas da sobrevivência subjetiva de uma classe média que se atrasou. Não se tratava mais de vitória nem derrota: era a História. Assim foi como pareceu (a quem a viveu).

Wilson Figueiredo.
Rio de Janeiro, março de 2015.

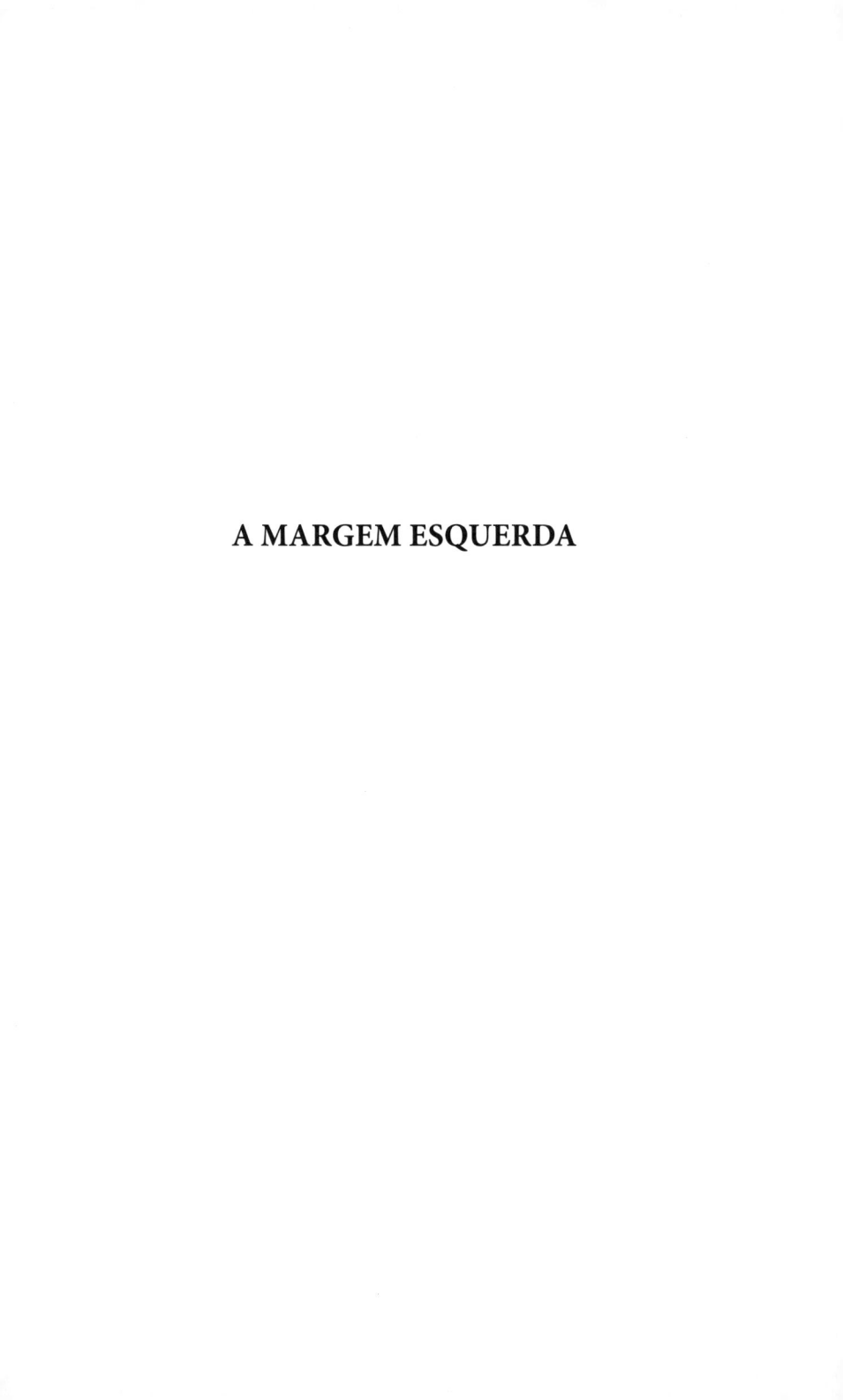

A MARGEM ESQUERDA

A MARGEM ESQUERDA[1]

"O bom-bocado não é pra quem o faz e sim pra quem o come."

(Provérbio popular)

DIA 13

A coincidência de se apresentarem juntos dois pretextos de azar para o comício das reformas[2] — uma sexta-feira que caiu num dia 13 — não impressionou as esquerdas bra-

---

1 Publicado originalmente no livro *Os idos de março e a queda em abril,* organizado por Alberto Dines. Rio de Janeiro: José Álvaro Editor, 1964, pp194-245.

2 O Comício das Reformas ou Comício da Central, como ficou conhecido, ocorreu no dia 13 de março de 1964, na praça Cristiano Ottoni, nas imediações da Central do Brasil e do ministério da Guerra, no Rio de Janeiro. No evento, organizado por líderes do Comando Geral dos Trabalhadores (CGT), o então presidente da República, João Goulart, defendeu a implementação das reformas de base propostas por seu governo. O comício que vinha sendo anunciado desde janeiro, daquele ano, foi transmitido ao vivo por rádio e TV para todo o país. Estima-se que cerca de 150 mil pessoas estiveram presentes, entre membros de entidades sindicais e outras organizações de trabalhadores da cidade

sileiras. Nossos esquerdistas sentiam-se fortes, suficientemente fortes para desafiar a superstição popular e as demais forças vivas do País. Estavam bem certos de uma proteção superior a suas forças humanas e fraquezas teóricas, — a própria História. Amparados pela certeza da contingência sobre-humana, como garantia para a grande aventura, os esquerdistas brasileiros viviam a véspera de acontecimentos definitivos. Queriam alcançar o poder pelo caminho mais curto, partindo da praça da Central do Brasil, defronte à praça da República, e seguindo pelas ruas, à frente de multidões de operários, soldados, marinheiros, camponeses e estudantes, como só existem nos livros e no cinema.

A margem de erros possíveis foi desprezada pelos calculistas radicais. Quase três anos de convivência íntima com a vitória perseguida na ação de massas e de constatações sucessivas de ausência de reações válidas levaram aos grupos radicais de esquerda — nas vésperas da sexta-feira, 13 de março — a certeza da predestinação. Sentiam-se na liderança de um povo imaginado em formas abstratas e dividido em classes sociais, com sentimentos e reações que só existem realmente em livros de teoria cada vez mais próxima da ficção.

Na manhã luminosa daquela sexta-feira, 13 de março de 1964, escolhida ao acaso para o comício que começaria a deslocar o peso das decisões políticas para a praça pública, os jornais circulavam com as páginas pesadas de acontecimentos onde se refletia a véspera de tensão. O desenho duro, num anúncio de quatro colunas, oferecia uma enxada

---

e do campo, servidores públicos civis e militares, estudantes e demais camadas populares.

na mão de um camponês sem rosto. A mão segurava com determinação o cabo da enxada: "Você deve estar presente ao Comício das Reformas".

As ruas do centro estavam aliviadas do número de humanos e veículos que fazem as estatísticas do Rio. Baixava na cidade o espírito dos feriados. A partir do meio-dia, as ruas despovoaram-se rapidamente e passaram as primeiras delegações sindicais em direção à praça Cristiano Otoni. As parcelas mais ativas das classes profissionais esbanjavam confiança em dísticos e proclamações fortes, embalados em ritmos de carnaval adaptados em paródias políticas. A tarde avançava, as delegações exibiam disposições cuidadosamente reservadas para o grande momento. Era, afinal, a base popular para a definição esquerdista do presidente da República, depois de esgotadas as possibilidades de rendimento para as hesitações do comportamento presidencial e a paciência das esquerdas.

Os grupos sindicais levavam enormes faixas abertas em intenções claras e disposições finais. Niterói mandou uma representação com espírito festivo, animada também por uma banda militar e pela mesma certeza de que o povo iria virar naquela noite mais uma página da História do Brasil. Nas calçadas vazias da avenida Rio Branco os raros espectadores da demonstração sentiam-se marginais da História. Enquanto os retardatários do expediente burocrático e comercial voltavam para casa, os reformistas passavam em direção ao comício nas ruas desertas do coração da cidade. Era visível o desencontro entre o planejamento político e a realidade social: a classe média poupava-se à demonstração política e, de cabeça baixa e coração assustado, recolhia-se à sua modéstia histórica. O comício não tinha apelo capaz de dar-lhe um mínimo de segurança. Para a praça das reformas seguiam, em volumes crescentes, os convertidos às Reformas, uma religião de que Goulart era supremo sacerdote.

Ação Católica e congregados marianos[3] de Belo Horizonte, na véspera, enfrentaram-se nas ruas, conforme documentavam em fotografias e noticiário os jornais daquela manhã. Durante quatro horas, no centro da capital mineira, católicos envolveram-se em cenas de violência pelas reformas de Goulart. As notícias esclareciam: engraxates e vendedores ambulantes ajudaram a celebrar o ato de violência, ao lado da Ação Católica, contra os congregados marianos, que recolhiam assinaturas populares num protesto contra os que passaram da contemplação dos problemas sociais para a ação esquerdista.

Era esta a pauta de circunstâncias no dia do comício: os olhos viam em fotografias a intolerância nas ruas de Belo Horizonte, onde duzentos soldados gastaram quatro horas para restabelecer a ordem, mas o entendimento humano era insuficiente para apreciar tudo que se passava no Brasil. Ali ao lado das notícias de Minas estava o comunicado do Comando Geral dos Trabalhadores[4], definindo a de-

---

3 Ação Católica Brasileira (ACB) e Congregação Mariana são duas congregações leigas, ambas católicas. A primeira mais progressista e a segunda, mais resistente a mudanças, naquele contexto.

4 O CGT foi uma organização intersindical de trabalhadores, de âmbito nacional, criada no IV Encontro Sindical Nacional, realizado em São Paulo, em 1962, com o objetivo de orientar, coordenar e dirigir o movimento sindical brasileiro. Foi formada com a participação de três confederações: a Confederação Nacional dos Trabalhadores na Indústria (CNTI), a Confederação Nacional dos Trabalhadores em Transportes Marítimos, Fluviais e Aéreos (CNTTMFA) e a Confederação Nacional dos Trabalhadores nas Empresas de Crédito (Contec). Aderiram também diversas federações, sindicatos e algumas organizações paralelas.

monstração de violência, católica e mineira, como sintoma de "intolerância nitidamente fascista". A generalização era imprópria: o CGT queria condenar apenas os que pediam assinaturas para o protesto contra a Ação Católica. Não incluía os católicos de esquerda e seus aliados, engraxates e vendedores ambulantes. Ao CGT não bastava a constatação: o comunicado oficial determinava "o estado de alerta para os trabalhadores em todo o Brasil".

Traziam outros sintomas os jornais da manhã de 13 de março: as palavras de João Pinheiro Neto[5] numa rede de emissoras de rádio e televisão, mobilizadas na véspera pelo governo federal. O superintendente da Reforma Agrária, com superioridade sorridente, repisava a necessidade de desapropriar terras para distribuí-las a camponeses, porque o governo não as tinha mais para dividir com ninguém. As que pertenciam aos estados e municípios — afirmava Pinheiro Neto — "já foram cedidas a privilegiados, graças à sua influência política e outros expedientes". Também na véspera do comício, Abelardo Jurema, ministro da Justiça, havia levado ao presidente da República a redação final do decreto para aluguéis de imóveis vazios e dos que viessem a vagar. Fixava os preços entre um terço do salário mínimo e um e meio de seu valor, que começava a se tornar a unidade métrica do governo. Os pequenos proprietários eram as figuras mais assustadas do momento: os rurais estavam amedrontados por Pinheiro Neto, e os urbanos aterrorizados por Abelardo Jurema.

Foi desarticulada a partir do movimento civil-militar de 31 de março de 1964.
5   Presidente da Superintendência de Política Agrária (SUPRA).

Discretamente os jornais davam conta, ainda, do encontro entre o presidente da Petrobras[6] e o presidente da República. Não havia segredo: o assunto fora a encampação das refinarias particulares de petróleo no dia 19 de abril, aniversário de nascimento de Vargas e data a ser utilizada no programa político do governo. Celebrações getulistas estavam em estudos para enfeitar as reformas. Em agosto completava-se o primeiro decênio da morte de Vargas. De abril a agosto, um programa de ressurreição de seu mito, reinterpretado do ângulo esquerdista.

Esquerdas e contingentes sindicais marcharam para o comício com uma determinação: chega de conciliação. Dois decretos assinados com antecedência superaram, duas horas antes, a expectativa da massa humana concentrada na praça: estavam preparadas apenas para a desapropriação das terras à margem das estradas federais. A encampação das refinarias era bonificação especial. Surpreendeu até as áreas íntimas do lado esquerdo do governo. Goulart destacou-se sobre as reformas em geral para reclamar, em tom forte, a reforma da Constituição em particular, "porque é indispensável". Com o seu discurso, Goulart desapropriou os efeitos conseguidos por Leonel Brizola, como patrono da convocação de uma Constituinte para reformar o Brasil por atacado.

A noite já havia chegado quando o comício começou. Na Zona Sul, ninguém soube como, velas acesas nas janelas consumiam-se no silêncio que descera sobre as ruas vazias. Por trás das cortinas baixadas, os menores gestos de João Goulart eram observados atentamente na televisão. As pessoas concentravam-se no fundo de um temor tocado de

---

6 General Osvino Ferreira Alves.

religiosidade. Em São Paulo, no momento em que Goulart falava, as igrejas estavam cheias de fiéis refugiados em orações.

DIA 14

O sábado havia sido um dia de articulações intensas para os dirigentes da esquerda. A *semana inglesa*[7] levou-lhes, de manhã cedo na cama, os jornais que testemunhavam a presença popular no comício. A alegria despertou as esquerdas para as celebrações e o planejamento político do futuro que parecia tão próximo. Havia unanimidade na constatação de que o comício sepultara definitivamente a política de conciliação. Todos se sentiam aptos para as altas responsabilidades que não mais lhes podiam ser recusadas.

Depois do almoço, deputados começaram a articular com os líderes sindicais a Frente Popular, que daria a João Goulart o instrumento político adequado. As tentativas de união com as forças políticas convencionais mostraram-se impraticáveis. Iam agora tomar das mãos de San Thiago Dantas o projeto da Frente Ampla, concebida no espírito de conciliação política para dar ao presidente da República lastro democrático para as reformas. No sábado, os dirigentes esquerdistas — estudantes, deputados, líderes sindicais — desprezaram a conciliação com outras forças políticas e trocavam, na organização da Frente, a ideia de amplitude pelo critério popular. Não havia mais necessidade de negociar com os vencidos. Chegara o momento de passar a burguesia para trás, a começar por San Thiago Dantas.

---

7   Refere-se à jornada de trabalho de 44 horas semanais, 08 horas diárias de segunda a sexta-feira e quatro horas pela manhã do sábado.

Reapareceram também, na maneira de aproveitar os efeitos do comício, as divergências entre Miguel Arraes e Leonel Brizola.[8] Na opinião de Brizola o momento exigia a concentração de todos os esforços na Frente Popular, dando-lhe dimensão política suprapartidária. Considerava desprezíveis os instrumentos de ação convencional no quadro democrático brasileiro. Brizola intuía a hora de ações de massas, lançadas em volumes crescentes nas ruas, para as pressões definitivas. Imobilizado na defensiva, caracterizada como resistência às reformas, o Congresso favorecia junto à opinião pública a campanha de convocação da Constituinte.

Arraes não pretendia tanto: contentava-se com a pressão de massas sobre o Congresso, que Brizola queria fechar. A ilusão eleitoral, mais forte talvez do que a convicção teórica, transformou Miguel Arraes num moderado. Mantida a Constituição com todas as inelegibilidades que impediam João Goulart e Leonel Brizola em 1965, ele era naturalmente o herdeiro de uma possibilidade eleitoral de esquerda.

No sábado, Miguel Arraes e Leonel Brizola ainda não tinham decidido a questão da liderança popular. A tendência radical e a linha moderada, até ali, alternavam-se à frente da esquerda, de acordo com as circunstâncias. Revezavam--se taticamente a liderança radical e a moderação, conforme as necessidades. Depois do comício, Leonel Brizola avantajou-se nas possibilidades de empalmar o comando da arregimentação popular. Arraes defendeu, em oportunidades diferentes daquele sábado, a tese das lideranças múltiplas para a esquerda brasileira, a título de evitar o aparecimento de um caudilho na área popular. Dava sinais de preocupa-

---

8 Governador de Pernambuco, do PSB, e deputado federal do PTB pela Guanabara, respectivamente.

ção simultânea com Leonel Brizola e João Goulart. Mas não queria fazer o acerto de contas.

Goulart levantou-se no sábado com o mesmo impulso que na véspera o projetara ao encontro do seu destino político. Assinou o decreto dos aluguéis, reservado para entrar em cena na semana que ia começar. E determinou a Pinheiro Neto a desapropriação de duas de suas fazendas. *Uruaçu*, em Goiás, a um quilômetro da rodovia Belém-Brasília, e *Maragato*, em São Borja, cabiam no decreto da SUPRA. Adquiria condições morais para aplicar o decreto desapropriador assinado um dia antes.

DIA 15

Antes de se passarem 48 horas do comício, a mensagem presidencial arrombava as portas do Congresso, estendendo o clima de 13 de março à solenidade de instalação dos trabalhos legislativos de 1964. Goulart formalizava no documento toda a programação política revelada no comício e já em execução por processos não convencionais. Daí por diante iria apresentar-se publicamente, numa sequência de comícios, como cobrador das propostas que fazia: reforma agrária com indenização dos desapropriados em títulos públicos e não em dinheiro, como a Constituição determinava. A extensão do direito de voto aos analfabetos — reclamada com urgência — alteraria desde logo as condições e possibilidades para a sucessão presidencial do ano seguinte. Todos os brasileiros, na proposta de Goulart, tornavam-se alistáveis e teriam direito de ser eleitos, aos 18 anos de idade. Reivindicava também a delegação de poderes ao Executivo, proibida pela Constituição: os legisladores abririam mão de uma parcela de responsabilidade para cedê-la ao presidente da República, numa confissão pública de incapacidade reformista.

Não era mais segredo: Goulart armava-se de argumentação jurídica e de apoio popular para determinar a realização de plebiscitos, dispensando o Congresso de opinar e decidir sobre a matéria. Cuidava apenas de alterar o nome; em lugar de plebiscito, palavra comprometida no conceito de bonapartismo e instrumento de uso dos ditadores, tinha outra forma para aferir a vontade popular, de que se fazia intérprete ostensivo e exclusivo: a consulta de opinião pública ia ser a patente da democracia que Goulart pretendia praticar, por cima das formalidades estabelecidas na Constituição de 1946.

No mesmo domingo os líderes da esquerda decidiram fazer a denúncia do reescalonamento das dívidas externas brasileiras. Queriam desacreditar os entendimentos de Paris e retomar a tese da decretação da moratória unilateral. Contavam certo com os oferecimentos da ajuda soviética e as possibilidades de ampliação dos acordos comerciais com os países comunistas. A primeira medida era expulsar Nei Galvão do ministério da Fazenda, onde ocupava o lugar que continuava sendo uma tentação para Leonel Brizola. A denúncia do reescalonamento como negociata era para comprometer Nei Galvão: ia ser apontado na rua como representante de interesses do grupo Rockefeller no governo brasileiro.

Também no Estado do Rio a correlação de forças apresentava-se já alterada no domingo. O Ingá[9] ia afinal abrir suas portas à esquerda. O êxito político do comício perturbou os critérios precários do governador Badger da

---

9   Palácio do Ingá, sede do governo fluminense, em Niterói.

Silveira. Nos preparativos do dia 13, ele pretendeu arregimentar presença popular fiado exclusivamente nos recursos do governo estadual. Quando percebeu que a mobilização esquerdista o ultrapassava em possibilidades e anularia sua presença no comício, chamou os dirigentes sindicais e radicais e entrou em acordo com eles, para comparecerem juntos numa representação única. No sábado estreitava-se a convivência e abria-se a perspectiva de recompor seu governo, na linha traçada por Goulart no comício.

Aproveitando a viagem ao Rio para o comício, Miguel Arraes foi a Juiz de Fora cumprir no domingo à noite o programa da Frente de Mobilização Popular.[10] Comparecia a uma concentração política em favor das reformas, oferecidas pelo ângulo moderado em que se empenhava o governador de Pernambuco. A velha cidade industrial mineira viveu no domingo uma tensão política de que o resto do Brasil não tomou conhecimento. Oitocentos policiais estavam mobilizados para garantir o direito de reunião, que uma parte da cidade entendia ser sua obrigação perturbar. A classe média de Juiz de Fora queria repetir a demonstração de Belo Horizonte, onde as esquerdas, pela primeira vez tinham sido impedidas de realizar um ato público pelas reformas. O governo estadual dessa vez se acautelou para assegurar a manifestação política, que iria, afinal, servir para caracterizar melhor os propósitos da esquerda em fase de aceleração.

---

10 FMP, criada em 1962, sob a liderança de Leonel Brizola, quando este era governador do Rio Grande do Sul. Funcionou como um movimento de pressão para que o governo implementasse as reformas de base. Teve adesão de sindicalistas, estudantes, mulheres, camponeses, além de alguns parlamentares e membros do PCB.

DIA 16

Rio e Brasília repartiram o maior peso da carga de segunda-feira: esquerdas e governo empenhavam-se em aproveitar rapidamente as possibilidades políticas e sociais dinamizadas pelo comício. Estreitava-se uma convivência animada no Rio em conversações no fim da semana. O presidente da República programou, num encontro de duas horas e meia com os integrantes da Frente Parlamentar Nacionalista[11], a ação conjunta no espírito da mensagem mandada na véspera ao Congresso. Sentia a necessidade de inaugurar a ofensiva parlamentar que deixasse bem caracterizado o empenho antirreformista dos partidos, enquanto o governo se afirmaria por decretos que o Congresso não poderia contestar. Estariam sem apoio de opinião pública a Câmara e o Senado, inoperantes nas reformas e substituídos nas suas obrigações legislativas por um governo forte em decretos.

Já estavam em redação final na assessoria do Planalto a extinção do exame vestibular, reclamada pelos dirigentes da mobilização política dos estudantes, a fixação dos preços para o produto industrial ao sair das fábricas, e o tabelamento dos gêneros de consumo popular. Chegara a hora de programar a assinatura desses decretos em atos públicos. Todos, no governo e na cúpula esquerdista, sentiam a necessidade de aproveitar o impulso de 13 de março e acelerar

---

11 FPN, organizada em 1956, no início do governo de Juscelino Kubitschek (1956-1961), reuniu parlamentares de diversos partidos e tinha como princípio defender, no Congresso Nacional, políticas e soluções nacionalistas para o desenvolvimento brasileiro. Foi extinta em abril de 1964, em função da cassação da maioria de seus membros.

a ofensiva reformista, a fim de que não restasse, aos setores atingidos, tempo para se refazerem das surpresas.

Nesse encontro de Goulart com os integrantes da Frente Parlamentar Nacionalista, na manhã de segunda--feira, foi também discutida a recomposição urgente do governo, ajustando-o às novas tendências definidas no comício. Goulart concordou em incluir no Ministério os representantes dos setores políticos consagrados na demonstração sindical e popular.

Depois de passar por Juiz de Fora no domingo, e de estender sua rota a Belo Horizonte, Miguel Arraes estava também em Brasília na segunda-feira. Era portador de uma desconfiança que se instalara nele, definitivamente, no momento em que se sentira passado para trás no palanque da praça Cristiano Otoni. Arraes foi um orador sem importância. Nem o que disse, nem a maneira de dizer, tiveram realce no confronto com três discursos audaciosos que fizeram de Brizola o patrono da Constituinte e de Goulart o comandante da reforma constitucional. Ali, entre cismas, sentiu suas suspeitas em relação a Goulart transformarem--se em certeza. Arraes, em Brasília, buscou contato com as figuras da esquerda na área parlamentar e comunicou-lhes a desconfiança que não mais conseguia conter em relação a Goulart e Brizola. Mas foi inútil seu esforço para esfriar o entusiasmo que empolgava ainda as esquerdas. Constatava, tarde também, o PCB rendido à tática de Goulart, mas não reuniu auditório com receptividade para a certeza que lhe ficara da preparação de um assalto janguista ao Poder.

O Congresso foi inundado naquela tarde por uma publicação de 40 páginas. Era o primeiro dia de trabalho parlamentar normal. Em *Você sabia, trabalhador?*, lançamento das Edições Fulgor, os congressistas eram apresentados pelo autor da plaquete, Orlando Campos, como "latifundiários e pessoas vinculadas a grupos econômicos". Ninguém estranhava a coincidência, naquela segunda-feira em que tudo começava a parecer normal numa nova ordem de considerações que passaram a reger o País depois do dia 13. Nas mãos dos representantes do povo estavam também outras publicações, com a mesma origem de idas e vindas e o mesmo patrocínio radical.

Os esquerdistas da Câmara tratavam também de formar com urgência um agrupamento parlamentar reformista, inspirado pelo êxito popular do comício. Chegaram a anunciar para breve o funcionamento da fração parlamentar integrada por 180 figuras, arregimentadas na base da mensagem presidencial e, em particular, tocados pelo capítulo que teve o título de *Caminho brasileiro*.

Em Governador Valadares (MG) o sapateiro que se afirmava na liderança revolucionária dos camponeses da região, Francisco Raimundo da Paixão, nacionalmente Chicão, anunciava para breve uma concentração de camponeses com a presença certa de Leonel Brizola e das figuras mais radicais do momento brasileiro. Chicão renovou suas disposições revolucionárias no comício do dia 13 e na segunda-feira, de volta a Governador Valadares, anunciava a realização do ato de afirmação dos camponeses pela reforma agrária, "de qualquer maneira".

Representantes do Comando Geral dos Trabalhadores em 20 estados reuniram-se naquela segunda-feira no Rio, para traçar um programa de ação imediata. Voltaram levando a decisão tomada pelo CGT: promover assembleias em todos os sindicatos e organizações de trabalhadores. O fundamento da mobilização popular era a possibilidade de *impeachment* do presidente da República (que eles pretendiam caracterizar como solução golpista já em andamento no Congresso), motivo suficiente à preparação de uma greve geral que fulminaria o País em horas.

O CGT decidiu também tornar pública sua concordância com a vontade presidencial de ação política, a ser realizada através de decretos de repercussão popular. Quando Goulart voltasse ao Rio no dia seguinte, o Comando iria transmitir-lhe essa decisão. Um jurista convertido à esquerda, consultado pelo CGT mas resguardado pelo anonimato, havia interpretado — "A Constituição permite o que não proíbe". Um dirigente do CGT, depois da reunião, observava: "À margem das estradas e lagos, só ficará improdutivo o Congresso".

Num golpe de mão, o governo federal assumiu na segunda-feira de manhã o controle do porto e dos aeroportos do Rio. A opinião pública tomou conhecimento do fato somente quando Carlos Lacerda, governador da Guanabara, lançou o seu protesto. Ninguém mais se espantava: a margem de ação do governo federal estava se ampliando pela falta de reações válidas.

Estado de espírito esquerdista na segunda-feira: o ministro da Educação[12] iniciava em Brasília estudos para alargar o acesso às universidades, com a eliminação do exame vestibular, enquanto em Niterói, certamente não por acaso, 120 delegados instalavam o I Encontro Nacional de dirigentes estudantis estaduais. Na pauta dos trabalhos, a eliminação do vestibular era o tema principal de um programa de mobilização estudantil. De partida para os Estados Unidos, para conhecer o sistema escolar norte-americano, a convite

---

12 Júlio Furquim Sambaqui (1906 –1982).

oficial, o diretor do Instituto de Pesquisas Educacionais declarava[13] — "Não sei se vou aprender ou ensinar".

O Conselho Sindical do Estado do Rio marcava dois atos políticos para daí a dois dias: Luís Carlos Prestes ia mostrar "Para onde vai o Brasil" no sindicato dos ferroviários de Niterói e João Pinheiro Neto estaria de figura principal num grande comício pelas reformas em Nova Iguaçu.

DIA 17

Com a terça-feira começava a despontar a reforma ministerial. As esquerdas queriam um governo ao jeito do comício, Goulart pediu primeiro a Frente Popular. Num encontro dele com a bancada federal do PTB, o assunto foi abordado pelo lado fraco: a esquerda cobrava a saída dos representantes do PSD no ministério. Além da definição de uma política financeira nacionalista, a ser iniciada com a saída de Nei Galvão do ministério da Fazenda, o PTB achava que era o momento de escolher os substitutos para os ministros pessedistas Oliveira Brito e Expedito Machado[14].

Porta-voz do Palácio do Planalto contou depois aos representantes dos jornais que um dos deputados, no leque de possibilidades discutidas no encontro de Goulart com o PTB, havia proposto o fechamento do Congresso, e que o presidente fora veemente em repelir a sugestão. Goulart estava certo de que o Congresso cederia à pressão popular.

---

13 Anísio Teixeira (1900-1971)
14 Ministros de Minas e Energia e Viação e Obras Públicas, respectivamente.

Nesse dia de poucos fatos Goulart almoçou em companhia de 22 deputados do PSD. De modo geral, eram agressivos em relação ao comportamento político do PSD, mas dóceis ao reformismo janguista. Eles ouviram durante 40 minutos Goulart insistir na sua temática. Mas, ainda que agressivos, os deputados que estavam à mesa eram, antes de mais nada, pessedistas. Goulart não se esqueceu de oferecer acolhida às reivindicações que deviam ter. Abriu-lhes o coração reformista: aquela era a parte do PSD que lhe interessava de perto. Pediu que levassem ao seu conhecimento, prontamente, qualquer queixa que tivessem dos ministros pessedistas.

Ainda à mesa do almoço, os pessedistas resolveram-se por uma carta a Amaral Peixoto, comunicando ao presidente do partido a decisão de integrarem a bancada reformista na Câmara, e de se alistarem na Frente Popular. Os signatários da carta seriam 27, mais cinco do que a relação de convivas no almoço presidencial.

Antes de estar com a bancada do PTB e almoçar com os agressivos do PSD, João Goulart tinha-se medido com Miguel Arraes na madrugada de terça-feira. Gastou duas das horas reservadas ao seu repouso para esbater as desconfianças do governador de Pernambuco.

À tarde, na ABI, Luís Carlos Prestes celebrou o aniversário de *Novos Rumos*[15] com um discurso de orientação comunista para o momento, cuja importância ele colocava na posição de Goulart à frente do processo revolucionário brasileiro, desde o comício, e "cujos resultados se farão sentir nos próximos meses ou nas próximas semanas". Prestes

---

15 Jornal semanal do Partido Comunista, lançado em 1959, no Rio de Janeiro.

perguntava, depois de uma breve pausa: — "E, por que não dizer, nos próximos dias?".

O secretário-geral do PCB apresentou-se na condição de culpado pelos erros dos comunistas no passado, principalmente o de ter pretendido para o Brasil uma revolução copiada de moldes estrangeiros. Reivindicou a paternidade da iniciativa do comício da Central, através de uma proposta passada a San Thiago Dantas e endereçada a Goulart. Calçara a sugestão, junto a San Thiago Dantas, ressaltando a oportunidade de "levar o povo para as ruas" com o objetivo de oferecer-lhe condições de se manifestar com liberdade. Prestes não ficou na constatação da importância atribuída ao momento brasileiro, na terça-feira, 17 de março. Projetou as possibilidades que se abririam depois de serem expulsos do Brasil os interesses americanos e de implantada a reforma agrária: a segunda etapa abriria caminho para o socialismo, na sua forma brasileira.

DIA 18

É indispensável a reforma da Constituição, "a fundo", clamava Goulart num discurso em Bom Jesus de Itabapoana, no Estado do Rio. Era quarta-feira e ele presidia ao ato de assinatura do contrato para a construção da Usina Elétrica de Rosal. Falou de improviso, sem esquecer de cobrar para os analfabetos o direito de voto. O governador do Espírito Santo[16] foi o único dos muitos oradores a fugir ao reformismo de Goulart. O governador do Estado do Rio, na

---

16 Francisco Lacerda de Aguiar (1903-1983).

própria fonte de energia de Rosal, colocou-se radicalmente sob a proteção política de Goulart. E foi às últimas.

Na quarta-feira o jornal francês *Le Monde* apontava a democracia liberal vivendo momento de perigo no Brasil, em decorrência da mudança de rumo político observada pelo seu correspondente no comício do dia 13: "Goulart resolveu voltar-se para seus aliados naturais da esquerda em geral". *Le Monde* arriscava a previsão de um ano agitado no Brasil.

Os líderes da esquerda confirmavam de repente, depois de cinco dias otimistas, uma situação "profundamente delicada no Brasil" e decidiam bater-se prontamente em defesa das liberdades, passadas a segundo plano desde que se sentiram donos da situação política. As figuras da esquerda parlamentar e o comando sindical resolveram retirar de circulação a tese brizolista da convocação de uma Assembleia Constituinte.

Passando por São Paulo, no mesmo dia, Leonel Brizola fez declarações um pouco fora de seu foco político: não aceitaria nenhuma forma de golpe e condicionava o apoio do grupo radical aos atos concretos de Goulart.

Durante seis horas a representação esquerdista na Câmara fez um balanço da situação política. No apartamento de Brizola em Brasília, os deputados da FPN consumiram toda a madrugada repassando os dados de que dispunham. Começaram à meia-noite e trinta, e quando o dia clareou sentiram a existência de condições semelhantes às que justificaram o golpe de 1937. Oferecia-se a Goulart a oportunidade de perpetuar-se no poder, retribuindo às esquerdas com a mesma forma de pagamento adotada por Vargas, em 1937, em relação aos integralistas. Isto é: ficar dentro e deixar seus aliados do lado de fora do governo.

Foram um pouco mais longe nas conclusões: com a luz do dia iluminava-se a hipótese de que essas condições observadas poderiam favorecer a outras forças políticas, que talvez dispensassem a presença de Goulart no lance golpista. Não ficaram apenas na observação do quadro de perigos. Acertaram a saída tática: levar para a rua a palavra de ordem do plebiscito, numa grande campanha de mobilização para excitar politicamente o povo e aferir-lhe o grau de disposição reformista.

Ficou sepultada a tese brizolista da Constituinte, na decisão dos deputados esquerdistas dotados de grande confiança na história, mas com terríveis dúvidas em relação ao eleitorado. Era mais prudente não correr os riscos de uma eleição para a Constituinte. Ficou estabelecido ainda que o documento em preparação pelo CGT devia conter a base de estruturação da Frente Popular, assegurando-lhe a arregimentação das massas trabalhadoras.

Quem esteve também presente à reunião que varou a madrugada foi Miguel Arraes. Conseguira, afinal, transmitir os seus receios à representação parlamentar das esquerdas. Dali seguiu diretamente para o aeroporto e fez seu último voo para Recife.

No Rio, o Comando Geral dos Trabalhadores reuniu-se em caráter de rotina para discutir os temas do dia e decidiu que o mais importante era apressar o afastamento imediato de Nei Galvão do ministério da Fazenda. Ia começar a cobrança, antes de ser aprovado o reescalonamento das dívidas brasileiras com os credores europeus.

Em Brasília explodiu na quarta-feira uma demonstração de violência promovida por desempregados. Taguatinga, cidade-satélite de Brasília, foi assaltada pela violência de dois mil homens sem trabalho. Armaram barricadas nas estradas de acesso e dirigiram a violência contra a subprefeitura de Taguatinga.

DIA 19

Dois bares, um cinema e um Gordini, que passava ao alcance dos manifestantes, foram destruídos em Taguatinga, no segundo dia de violências a que se entregavam trabalhadores contratados para construir estradas. A mão de obra disponível no mercado de trabalho tinha oferta revolucionária. Desde a véspera estavam também de braços cruzados em Brasília sete mil operários da construção civil.

Em São Paulo, meio milhão de pessoas saíram às ruas naquela tarde, na maior concentração humana registrada, até então, no coração industrial do Brasil. Os intérpretes esquerdistas da realidade nacional não concederam nenhuma importância à afirmação política da classe média na Marcha da Família.[17] Ao contrário, desprezavam, como politicamente válido, o sentido religioso que dava fundamento àquela arregimentação social.

Juscelino Kubitschek e Carlos Lacerda estavam também nos jornais, com definições políticas: Kubitschek advertia que o "Congresso deve ser respeitado" e Lacerda saía do silêncio e da sombra para um passo mais largo. Acusava Goulart de estar agindo fora da lei. As esquerdas não se

---

17 *Marcha da Família com Deus pela Liberdade*: movimento surgido em março de 1964, que consistiu em uma série de manifestações, como reação ao comício de 13 de março, realizado por João Goulart. Foram organizadas, principalmente, por setores do clero e entidades femininas, congregando também segmentos da classe média, em geral. A primeira ocorreu em São Paulo, em 19 de março, dia de São José.

comoveram: Kubitschek era carta fora do baralho político, Lacerda estava com os dias contados. Quanto à advertência do marechal Dutra, em favor da democracia, sorriam ao encaminhar uma indagação: será que não havia um general mais novo para dizer aquilo?

Sete mil empregados nas empresas telegráficas que operavam com o exterior completavam o bloqueio de silêncio, no terceiro dia de uma greve finalmente total nas comunicações do Brasil com o mundo.

O líder do PTB na Câmara, deputado Doutel de Andrade, prometia que, em breve, seu partido levaria à Câmara iniciativas de leis inspiradas na mensagem presidencial enviada ao Congresso.

Era quinta-feira: o Comando Geral dos Trabalhadores aprovou suas exigências para integrar a Frente Popular. A novidade era a inclusão, entre as disposições políticas gerais, da "defesa intransigente das liberdades democráticas".

A última preocupação dominante na esquerda parlamentar chegava ao Rio e calçava os pronunciamentos e as atitudes das organizações que já se adiantavam na ação política. Na mesma linha de Brasília, o CGT escolheu o plebiscito como forma de atuação junto às massas e também congelou a iniciativa da Constituinte, reivindicada apenas pelos radicais de Leonel Brizola.

Não estavam, porém, eliminadas as divergências táticas da esquerda. O setor menos experiente e (por isso) mais radical observava àquela altura que João Goulart jogava a maior cartada de sua carreira política: "Se chegar a ser deposto, deixará na mensagem enviada ao Congresso um documento histórico".

No programa da Frente Popular, já no conhecimento da opinião pública desde a manhã, estavam incorporadas as teses políticas da mensagem, com uma alteração que não chegou a ser assinalada pelos observadores e comentaristas.

O documento do CGT reclamava prioridade para a reforma da administração, como encaminhamento para as demais. As lideranças esquerdistas sentiam aproximar-se a hora em que, fatalmente, seriam compelidas a assumir o comando político e administrativo do Brasil. Queriam encontrar a máquina já preparada para assegurar rendimentos rápidos.

Passou também ao primeiro plano, no programa político da Frente Popular, a defesa das liberdades públicas, item que as vozes autorizadas da esquerda vinham recomendando desde a véspera. Por isso foi inserida no documento uma condenação abstrata às forças "que desejam interromper o processo democrático para instituir formas ultrapassadas de poder pessoal ou de impedir que se efetivem as reformas de base". A abstração era uma carapuça para duas cabeças, mas de momento assentava bem à de Goulart. O documento continuava aberto à discussão, para receber sugestões capazes de entrosar as esquerdas e facilitar sua presença definitiva no governo.

No Comando Estadual dos Trabalhadores, em Belo Horizonte, o deputado estadual Sinval Bambirra (PTB) fazia a comunicação da transferência da homenagem em memória de Vargas, no dia 19 de abril[18], de São Borja para território mineiro. A Frente de Mobilização Popular em Minas ficou encarregada de organizar o comício na praça Rui Barbosa, onde Vargas falara pela última vez em Belo Horizonte, na campanha eleitoral de 1950.

Uma voz prolongava na Câmara a repercussão do comício do dia 13: o deputado Almino Afonso defendeu as

---

18 Aniversário do ex-presidente, morto em 1954.

teses fundamentais do discurso presidencial, as alterações da Constituição para desapropriar terras e pagar em títulos, direito de voto para os analfabetos, elegibilidade para todos os militares. Apontava o plebiscito como a única solução capaz de romper o impasse das reformas no Congresso.

E, na rádio do ministério da Educação, San Thiago Dantas fez à noite o último pronunciamento público de que ficou registro. Anunciava para os "próximos dias" o documento definitivo da Frente Ampla, para garantir sustentação parlamentar a João Goulart e aprovar as reformas no Congresso. Não havia percebido — pelo menos não passava recibo — que a sua iniciativa estava desapropriada pelas esquerdas. A Frente Popular que iria substituir a sua fórmula de bolso era um saudosismo esquerdista inspirado na solução que malogrou na França e na Espanha pela metade da década de 1930.

San Thiago Dantas era exatamente a figura política que, no modo radical de entender a realidade brasileira, representava a conciliação, inaceitável depois do comício. Sobre a Frente, que ele propunha Ampla, dizia San Thiago Dantas naquela noite pela Rádio Ministério da Educação: "Não como instrumento de pressão do povo sobre o Congresso, mas como expressão da união entre ambos".

Era, exatamente, a conciliação que as esquerdas, certas da vitória a curto prazo, recusavam de olhos fechados.

DIA 20

Inesperadamente o PTB transfigurou-se em convenção nacional em Brasília. No mesmo dia começava a funcionar no Rio a convenção pessedista para oficializar a candidatura Juscelino Kubitschek, como ato democrático em defesa do regime. Os pessedistas tinham a consciência dos perigos, mas faltava aos dirigentes do partido a disposição de enfrentar os riscos num confronto político com o governo Goulart. Antecipar a campanha eleitoral, proclamando oficialmente a candidatura Kubitschek, era a única forma de luta compatível com a coragem e as ilusões do PSD. Não houve qualquer protesto pessedista contra a convenção realizada ao mesmo tempo pelo PTB, com o desejo claro de esvaziar a importância relativa daquele ato formal. A coincidência das duas convenções na mesma data tinha endereço certo: queria dizer que os destinos do PTB e do PSD estavam definitivamente separados.

Leonel Brizola compareceu à convenção no Hotel Nacional de Brasília para insistir num PTB que fosse "uma organização consciente", em que João Goulart pudesse apoiar-se. "Do contrário, observava o líder radical — é o peronismo, e todos nós sabemos como isso acaba". Comunicou sua certeza particular de que Goulart continuaria a progredir nas posições que as esquerdas reclamavam. E para isso era indispensável um partido à altura das novas necessidades, dotado de outros métodos de ação política.

Quando era encaminhada, caiu por um golpe de Brizola a moção que levava um voto de apoio aos ministros do PTB. Brizola protestou: seria um absurdo a confiança em Nei Galvão, "aliado aos nossos piores inimigos no Rio Grande do Sul". Foi menos rigoroso em relação a Egídio Michaelsen, anunciando que preferia calar-se sobre o ministro da Indústria e Comércio.

A sexta-feira foi um dia rico de definições. A Ação Católica de São Paulo saía a público com um manifesto para condenar "a utilização política da religião" e reafirmar disposição de lutar pelas reformas. O documento externava "profundo constrangimento pela exploração da fé e do sentimento religioso do povo brasileiro" e apontava os riscos de divisão dentro da Igreja. Não faltou a solidariedade à Ação Católica de Belo Horizonte, onde a radicalização política separava os fiéis.

A sede da CNTI[19] teve duas horas de debates: dirigentes do CGT, do Comando dos Trabalhadores Intelectuais, da Frente de Mobilização Popular, da Liga Feminina, da UNE e da UBES[20], apresentaram dezenas de emendas que violentavam o espírito de conciliação do programa cuidadosamente preparado por San Thiago Dantas para a organização da Frente Ampla. Era a oportunidade da desforra para a esquerda liderada por Brizola, que carregou a marca negativa com que San Thiago definiu a incapacidade dos radicais para o exercício do poder. Na divisão da esquerda, ele ficou com a imagem positiva sob sua liderança e perdeu um competidor dentro do governo.

As emendas incluíam no programa de San Thiago Dantas a encampação, pura e simples, das empresas concessionárias de serviços públicos, a suspensão imediata do contrato da Hanna[21] e toda a linha de exigências radicais no campo econômico e financeiro. As esquerdas reivindicavam ainda o controle da política econômica e financeira e o direito de indicar o nome do novo ministro da Fazenda, em

---

19 Confederação Nacional dos Trabalhadores na Indústria.
20 União Nacional dos Estudantes e União Brasileira dos Estudantes Secundaristas, respectivamente.
21 *Hanna Mining Company*, empresa mineradora norte-americana que operava na região do quadrilátero ferrífero em Minas Gerais. Disputava com outras empresas norte-americanas e europeias, entrando em atrito, também, com a Companhia Vale do Rio Doce e outras.

troca do apoio sindical e popular que se sentiam em condições de garantir a Goulart.

Foi constituída, então, na CNTI a comissão para redigir o documento final. Além das organizações tradicionais de esquerda, tomaram parte nas discussões os representantes da Associação de Marinheiros e Fuzileiros Navais e do Movimento Sindical dos Sargentos, estreantes na cúpula política. Era cedo ainda para assumirem responsabilidades ostensivas, mas começavam a figurar nos debates e decisões. A maior soma de emendas foi de iniciativa do Comando Geral dos Trabalhadores.

Uma falha observada no programa da esquerda naquela sexta-feira: uma gripe não prevista conseguiu mais do que o ministro da Marinha tentara. Na véspera, o almirante Sílvio Mota[22] telefonou ao marechal Osvino Ferreira Alves, alertando-o para a inconveniência de seu comparecimento a um ato político que reuniria marinheiros, fuzileiros e operários da Petrobras, empresa por ele presidida. A comemoração conjunta do aniversário da Associação de Marinheiros, na Petrobras, tinha como oradores programados o almirante Cândido Aragão e o marechal Osvino Alves. Com o Comandante dos Fuzileiros, o ministro da Marinha foi mais claro e mais direto: ameaçou prendê-lo. Amanhecendo gripado, o marechal Osvino pediu o adiamento da reunião (o ato político foi realizado na quarta-feira seguinte, no Sindicato dos Metalúrgicos. Seu potencial de crise determinou o encaminhamento militar da solução final que fulminou o governo Goulart).

Boletim de greve expedido naquele dia pela Federação Nacional dos Trabalhadores a propósito das Empresas

---

22 Ministro da Marinha entre dezembro de 1963 e 25 de março de 1964.

Telegráficas comunicou que a classe considerava a intervenção federal a única forma de tornar aceitável a volta dos grevistas ao trabalho. Em Brasília a assessoria do Planalto apressava o projeto para botar a Empresa Brasileira de Telecomunicações em funcionamento. Em dez dias a Embratel entraria em operações e deixaria nas mãos do governo Goulart o monopólio das comunicações com o exterior.

Em São Paulo, também naquela sexta-feira, as organizações sindicais começavam a coordenar e estimular pressões sobre o Congresso, para obter a anistia dos dirigentes operários implicados no levante dos sargentos em Brasília. Os líderes metalúrgicos Afonso Delellis e Araújo Plácido estavam condenados pelo Conselho da II Auditoria Militar.

Brasília completou 72 horas de perturbações. O terceiro tumulto resultou em cinco feridos. Goulart mandou admitir no DNER e no DNEF[23] 5.380 desempregados de Brasília que se recusavam a aceitar lugares de trabalho determinados pelo prefeito para absorver a mão de obra disponível. O chefe de polícia de Brasília e o chefe da Casa Civil foram encarregados de conduzir os entendimentos com os desempregados. O coronel José Lemos de Avelar foi recebido com uma vaia, e só Darcy Ribeiro conseguiu fazer-se ouvir. Depois de um dia inteiro à espera da oportunidade de estar com João Goulart, os representantes dos desempregados foram recebidos em Palácio e dali já saíram funcionários públicos federais.

Também em Brasília, o deputado Sérgio Magalhães[24] apresentou na Câmara um projeto ao seu feitio: depois de

---

23 Departamento Nacional de Estradas de Rodagem e Departamento Nacional de Estradas de Ferro, respectivamente.
24 Deputado federal pelo PTB e presidente da FPN.

aprovado, as empresas com mais de cem empregados estariam na obrigação de construir conjuntos residenciais para aluguel barato aos que lhes prestassem serviços.

A sexta-feira chegava ao fim: a convenção do PSD consagrava Juscelino Kubitschek candidato à sucessão presidencial de 1965. Entre 2.849 votos, um delegado pessedista lembrou-se de homenagear o marechal Dutra, e 39 abstiveram-se.

DIA 21

"As constituições devem ser tocadas, e tocadas sempre pela vontade popular, pois elas valem na medida em que refletem o sentimento do povo", insistia João Goulart, quando falava no almoço por ele oferecido aos convencionais do PTB, reunidos em Brasília para não escolherem candidato. Àquela altura parecia desnecessário quebrar a cabeça. O candidato estava nas ruas, desde o dia 13. Era Goulart.

Goulart estava armado de citações para cobrar a reforma da Constituição. Foi ele mesmo que o confessou no almoço, creditando ao trabalho de pesquisa da assessoria presidencial a citação que fez de Rui Barbosa: "Para as constituições sobreviverem precisam se renovar".

Noutro local de Brasília, Darcy Ribeiro, no mesmo dia, falava numa concentração de operários desempregados, ainda em greve apesar de nomeados desde a véspera. Ardendo em palidez, Darcy repetia Vargas: "O povo não será mais escravo de ninguém". Proclamava que João Goulart não teria tomado posse em 1961, não fossem os sargentos e os trabalhadores. O resto não contava para ele. Era com aqueles o compromisso de Goulart, afirmava Darcy, investindo contra a Constituição de 1946, destinada a servir "a uma elite aproveitadora". O chefe da Casa Civil assegurou a presença de Goulart no comício que os desempregados de Brasília queriam fazer, para se ombrearem aos trabalhadores do Rio, plenamente realizados no ato político do dia 13.

O PTB carioca fez das suas: decidiu despachar para Brasília o deputado José Talarico, com a missão de obter apoio dos convencionais do PTB em favor da nomeação de Sérgio Magalhães para o ministério de Minas e Energia, na reforma em andamento. Não era definição nacionalista ou de esquerda: o PTB da Guanabara queria apenas livrar-se do candidato que já estava em campanha.

As organizações de esquerda não perdiam tempo: concluiriam no sábado a redação final do programa mínimo da Frente Popular, a ser oferecido às adesões de entidades populares e sindicais. Nas 15 laudas que alentavam o mínimo desejado pelas esquerdas estavam incluídas as reivindicações políticas destinadas a sensibilizar sargentos e marinheiros, parte ativa na preparação do documento: queriam soldados, cabos e sargentos alistáveis e elegíveis, e a *humanização* dos regulamentos disciplinares.

Os despachos telegráficos das agências de notícias traziam opiniões dos jornais estrangeiros. *The Times*, de Londres, observava que o Brasil vivia "um problema de ordem pública, porque o presidente Goulart abandonou o centro, no qual se encontrava há dois anos, e levou a cabo um atrevido movimento para a esquerda, devendo agora produzir-se um golpe de direita, segundo a tradição latino-americana".

Em Madri, *Yá* achava que "as próximas semanas serão de grande importância para o futuro da pujante nação brasileira". Assinalava ainda receios observados no Exército, por motivo da "violência que vem caracterizando os movimentos do povo".

DIAS 22 E 23

Depois do domingo ideologicamente neutro; a história recomeçava. Não era observado nenhum indício de que os dias santificados iam ser alterados pela entrada em cena de marinheiros e fuzileiros navais, muito antes da hora combinada. Não havia qualquer sentimento de fuga na compra excitada de passagens e reservas de lugares nos aviões, ônibus e trens para o meio da semana. Os arredores exerciam a fascinação de hábito nos cariocas: todos queriam aproveitar o sol prometido nas previsões meteorológicas para as folgas santificadas nas praias e nas montanhas do mapa turístico.

"Brizola assumirá a campanha popular pela convocação da Constituinte" — foi a notícia mais forte que Brasília ofereceu na segunda-feira. João Goulart estava pessoalmente interessado em aplicar as energias radicais de seu cunhado numa tarefa específica. De modo geral, as esquerdas preferiam o plebiscito em lugar da Constituinte, capricho radical de Brizola.

Transparecia agora nas esquerdas a ambição pelos postos do segundo escalão do governo. Elas começavam a reivindicar chefias de setores administrativos importantes e dos órgãos que pudessem assegurar o controle efetivo. Passou a ser discutida, como necessária, a absorção dos dissidentes das representações conservadoras na bancada federal do PTB, outro passo importante para a integração do governo no espírito do comício do dia 13.

Na segunda-feira aflorou a programação política de abril: Goulart preparava encampações em série. Autorizara estudos para nacionalizar as empresas estrangeiras de publicidade, para instituir o monopólio do papel de imprensa, e mandara o ministro da Justiça, Abelardo Jurema, apressar outro decreto que daria, finalmente, ao inquilino do imóvel urbano ou ao arrendatário da propriedade rural, no presente e no futuro, o direito de posse mediante pagamento de aluguel. Estava praticamente concluído o decreto de criação da Comissão Nacional de Política Urbana.

Goulart passava agora a preparar a programação de atos públicos em todo o Brasil, até o 1º de maio que se desenhava apoteótico. Cada comício seria a oportunidade para assinar um decreto importante; na presença da multidão arregimentada.

Paulo Mello Bastos, dirigente do CGT, foi à Diretoria de Aeronáutica Civil com uma advertência: a classe aeroviária preparava uma greve para forçar o governo a encampar imediatamente as linhas internacionais, antes de exigir a mesma medida para as linhas aéreas domésticas.

A encampação das companhias de navegação aérea já estava em princípio marcada para abril. Inspirada num relatório da DAC, a assessoria do Planalto preparava o decreto. Todas as empresas distribuidoras de derivados de petróleo tinham também seus dias contados. Estava no último estágio o decreto que iria colocar nas mãos do governo (onde a esquerda avultava de importância) o domínio real da vida brasileira pela posse dos combustíveis, porque o controle dos transportes marítimo e ferroviário não havia sido suficiente. A encampação das distribuidoras de combustíveis e das empresas de aviação completaria o domínio político e econômico.

Ainda para começo de semana: Neusa Brizola liderou uma reunião conjunta da Liga Feminina da Guanabara com o Movimento Nacionalista Feminino, chamando-as à ação imediata. As duas entidades decidiram promover no dia 3 de abril uma concentração de mulheres: a esquerda feminina queria contestar imediatamente os efeitos da Marcha da Família já marcada para o dia dois no Rio. Não teve essa oportunidade. A concentração feminina — explicou Dona Neusa — era para "integrar as mulheres na luta pelas reformas de base". Para não perder a ocasião, na linha do marido, acusava o Congresso de "negativista e intransigente".

Em busca de esclarecimento sobre a encampação das refinarias, empregados em postos de gasolina dirigiram-se ao Conselho Nacional de Petróleo. Carlos Meireles, presidente do CNP, recebeu-os com um pequeno discurso declarando "quase insuportável a pressão da imprensa, das empresas refinadoras e das distribuidoras". "Esses senhores, que eu conheço perfeitamente, querem tumultuar o País, criando um clima de agitação quando todos procuram trabalhar". Encampava a tese da oposição, que acusava o governo de fazer exatamente agitação política para desorganizar o setor privado.

Em Goiânia, o Comando Estadual dos Trabalhadores anunciou a preparação da greve de advertência ao Congresso, sem qualquer indício de iniciativa para as reformas, a despeito dos estímulos de Goulart, no comício e na mensagem.

Anunciou o gabinete do ministro da Marinha, Sílvio Mota, ainda na segunda-feira: por terem participado de reuniões políticas promovidas por entidades sindicais, trinta marinheiros seriam expulsos.

No domingo, um grupo de estudantes em Recife concentrou-se do lado de fora da Faculdade de Ciências Econômicas. Lá dentro, os deputados Pedro Aleixo e Bilac Pinto pronunciavam conferências a convite da Associação Estudantil Secundária. No fim da conferência, o grupo de fora ganhou o lado de dentro e estabeleceu o tumulto. A polícia estadual compareceu, também com bombas de gás lacrimogênio, mas a sessão já estava no fim.

Por trás da Marcha da Família, agora em Araraquara, palpitou o espírito constitucionalista de 1932, reserva do sentimento de afirmação política dos paulistas reavivada pela esquerdização. Seguiram-se nos outros dias Limeira, Presidente Prudente, Assis e Santos, com demonstrações idênticas. As esquerdas continuavam recusando importância política ao fundamento religioso que arregimentava a classe média contra elas.

Goulart comunicou a Pinheiro Neto: queria receber em títulos públicos o valor de suas duas fazendas desapropriadas pela SUPRA. Dava o exemplo.

As esquerdas continuam pesquisando novas exigências a serem encaixadas no programa mínimo da Frente Popular, como condição de apoio ao governo: "revogação do artigo 58 do Código Eleitoral, e dos artigos 9 e 10 da Lei de Segurança Nacional, e de todas as restrições ao registro de qualquer partido, inclusive o Partido Comunista". Eram também questão fechada o monopólio de câmbio e o monopólio de exportação do café (o monopólio do comércio exterior viria depois), como passos importantes no seu conceito de combate à inflação. A "democratização da grande imprensa" foi inscrita no programa, sem definir, porém, a forma de retirar às empresas jornalísticas, estações de rádio e de televisão, a orientação que as esquerdas desejavam confiar aos empregados ou às suas entidades de classe.

DIA 24

Na terça-feira, Pinheiro Neto telegrafou à SUPRA de Goiás, pedindo uma relação de dez fazendas para desapropriação imediata. Recomendava: localizadas perto dos centros de consumo, e que as terras tivessem boas condições de fertilidade.

A primeira desapropriação por força do decreto da SUPRA, assinado no dia 13, pegou a fazenda *Javaezinho*, em Cristalândia (Goiás), com 18 mil hectares. Pertencia a uma firma agropecuária de São Paulo. A SUPRA fixou seu valor em 5 milhões de cruzeiros (de acordo com a declaração apresentada ao Imposto de Renda), e depositou o dinheiro no Banco do Brasil.

A Federação dos Trabalhadores Rurais de Minas, em circular telegráfica, convocou os presidentes dos sindicatos rurais mineiros para uma reunião em Belo Horizonte, dias 4 e 5 de abril. Iriam preparar e encaminhar à SUPRA uma relação de fazendas mineiras em condições de serem desapropriadas.

Grupos sindicais e estudantis começaram por um protesto a preparação do comício de 19 de abril em Belo Horizonte: não queriam o prefeito Jorge Carone como orador, nem ao lado de Goulart no palanque, durante o ato político à sombra de Vargas. Se fosse impossível evitar o prefeito, iriam saudá-lo com uma vaia bem ensaiada. O Comando Estadual dos Trabalhadores encarregou o Movimento Sindical Mineiro de organizar o comício.

Chegava ao Rio, na terça feira, o presidente do Centro Acadêmico XI de Agosto, com um convite a Pinheiro Neto para repetir a viagem a São Paulo e receber desagravo público. Da primeira vez não tinha conseguido falar. No mesmo dia o superintendente da Reforma Agrária recebeu outro susto: estudantes mineiros queriam ouvi-lo discorrer sobre a reforma agrária e garantiam que poderia falar.

Fora do setor agrário da esquerda, estalou nessa terça--feira uma divergência que não trazia novidade: Leonel

Brizola e a UNE queriam a Frente Popular restrita às forças de esquerda, e os comunistas insistiam em deixar a porta aberta à *burguesia progressista*, porque acreditavam mesmo na sua existência real, dentro dos padrões de propaganda já clássicos na matéria. Naquele dia, o único acordo possível entre comunistas e brizolistas foi a transferência da reunião definitiva para o dia 31 de março. Era uma cilada do calendário.

Às 15 horas, na sede da CNTI, uma comissão de representantes das grandes organizações de massa, homens de esquerda, reuniu-se para discutir e aprovar o regimento interno que iria programar o funcionamento da Frente. Era a comissão de redação que se reunia: o representante do Comando dos Trabalhadores Intelectuais apresentou o projeto de regimento. As decisões — rezava o documento — seriam tomadas por dois terços do Conselho Deliberativo.

Nesse mesmo dia três dirigentes do CGT — Dante Pellacani, Melo Bastos e Hércules Correia — entregaram a Goulart o programa da Frente Popular. Goulart achou "muito boa a introdução" e não passou daí. Depois de ler o documento, Luís Carlos Prestes deu a sua opinião: não deviam figurar no texto atos simplesmente administrativos, como anulação de transferência de militares, mas apenas emendas à Constituição e diretrizes políticas, a fim de assegurar grandeza ao documento.

Na condição de porta-voz de Brizola, sempre de passagem pelo Rio, o deputado Max da Costa Santos[25] rompeu o equilíbrio de conveniências: os radicais não formariam na Frente Popular, nem integrariam o governo reformista, se San Thiago Dantas e o PSD fossem contemplados no ministério e entrassem na Frente Popular.

---

25 Deputado do PSB pela Guanabara e membro da FPN.

Situando-se no polo oposto, CGT, PCB e CNTI achavam que a questão era improcedente: quem se dispusesse a subscrever o documento da Frente Popular estaria colaborando nas reformas. A contradição não era propriamente da esquerda. Hércules Correia definiu: "O processo político se encarregará de fazer espirrar os Amarais".

Goulart acertou com os dirigentes sindicais as datas para as grandes concentrações políticas de abril: dia 3 em Santos, dia 10 em Santo André, dia 11 em Salvador (para celebrar finalmente na fonte do petróleo a encampação das refinarias e, com certeza, decretar o monopólio da distribuição). Dia 17 era a vez de Ribeirão Preto, e a 19 o comício em homenagem a Vargas, em Belo Horizonte. Brasília ficava para o dia 21, aniversário da capital.

O 1º de Maio seria o teste decisivo de Goulart em São Paulo. A programação terminava no Anhangabaú. Para a frente se adiantavam as especulações, de direita e de esquerda.

O ministro da Marinha, nessa terça-feira, inflamou a raiz da crise que ia começar: decretou a prisão de doze dirigentes da Associação de Marinheiros e Fuzileiros, por terem comparecido a reuniões políticas na sede do Sindicato dos Bancários. Seis foram presos, seis desapareceram.

Foi a politização dos marinheiros em termos radicais que inaugurou a crise e marcou o seu primeiro desdobramento, deslocando o ângulo de julgamento do campo político para o da indisciplina militar.

No mesmo dia, a Associação acusou o ministro da Marinha, em nota oficial que o responsabilizava pelo "clima de intranquilidade" na Armada.

Em discurso transmitido para todos os navios da Armada, o ministro afirmou: "A Associação deixou-se envolver por ideias subversivas de elementos estranhos aos seus quadros". Acusava também uma parcela dos marinheiros de preocupação excessiva com o trabalho de seus superiores e alheamento às suas obrigações específicas.

DIA 25

Do gabinete do ministro da Marinha parte a ordem de prisão para um grupo de 40 marinheiros e cabos que organizaram a solenidade de comemoração do 2º aniversário da Associação de Marinheiros e Fuzileiros na sede do Sindicato dos Metalúrgicos. A ordem de prisão foi dada ao fim da tarde, mas ficou decidido que não seria executada durante a solenidade. Ao tomarem conhecimento da decisão do ministro, quando ia mais alto o entusiasmo na assembleia, ao fim da noite, marinheiros e fuzileiros decidiram que deveriam todos se apresentarem presos na segunda-feira.

À tarde Goulart partiu para São Borja, com a volta ao Rio marcada para segunda-feira. Os marinheiros foram comemorar o aniversário de sua entidade certos da presença prometida de João Goulart, do general Assis Brasil, do almirante Cândido Aragão e do marechal Osvino Alves — convidados de honra e figuras de sua devoção política.

Ficou também combinada naquela quarta-feira a ida de Leonel Brizola a São Borja, no fim da semana, para um encontro com Goulart, sob patrocínio do general Assis Brasil. Brizola queria acertar as contas: oferecer formalmente o apoio do seu grupo e apresentar as exigências já conhecidas em relação ao controle da vida financeira do País, inclusive o cargo de ministro da Fazenda.

Num comício em Duque de Caxias, naquele dia também, Prestes classificou de *sectária* e *divisionista* a posição de Brizola. O Partido Comunista, afinado com o Comando Geral dos Trabalhadores e a Confederação Nacional dos Trabalhadores na Indústria, e com o apoio discreto da UNE, achava cedo demais para pensar num governo autenticamente nacionalista e popular. Considerava tarefa para muitos anos e que "o processo político tratará de realizar".

O governador Lacerda de Aguiar anunciou que seria encampada pelo governo federal a concessionária de energia elétrica no Espírito Santo. Fez a comunicação ao sair de um encontro com João Goulart, a quem pediu a medida.

Pela boca do ministro da Fazenda, o governo negou, naquela quarta-feira, a intenção que o chefe da Casa Civil vinha declarando havia uma semana: o monopólio de importação do papel de imprensa. A única explicação possível para o recuo do governo — tão determinado desde o dia 13 — era o receio de repercussão negativa no exterior, aonde chegara a desconfiança de que pretendia investir contra a liberdade de opinião e de informação.

DIA 26

Enfim, a crise. Não como a desejava João Goulart, em termos de reformas. Ela se apresentou dentro das Forças Armadas, como questão militar, pelo lado da disciplina e da hierarquia. A quinta-feira encontrou os marinheiros em confusão de sentimentos, transformando inexperiência em fonte de audácia.

A tensão política não alterava entretanto a fisionomia de feriado na cidade desfalcada dos milhares que partiram para os pontos convencionais de turismo, nas montanhas e no litoral vizinho. As manhãs de sol tinham as praias cheias dos que ficaram. A tensão era para consumo apenas da parte do governo que estava no foco da crise e para os grupos de interesses e comandos políticos. As estações de rádio guardavam discrição por ordem do Conselho de Telecomunicações. Depois de assumir a decisão de punir os marinheiros e demitir o almirante Aragão do Comando dos Fuzileiros, o ministro da Marinha não teve reservas de energia para sustentar a posição de luta que assumira nos limites de suas forças. A informação de que o choque de fuzileiros, enviado de manhã para prender os amotinados, havia passado para o lado dos manifestantes rebeldes, abalou o almirante Sílvio Mota. Estava sob tensão havia uma semana. Encaminhou seu pedido de demissão ao Palácio das Laranjeiras — uma praça de solidão onde Darcy Ribeiro e Raul Ryff[26] detinham a iniciativa do comando — mas não se livrou da pressão em seu gabinete, onde estavam ao seu lado, havia uma semana, os oficiais de sua confiança, sem arredar pé, devorados pela apreensão e pelo cansaço.

No Palácio das Laranjeiras, em vácuo presidencial, Darcy Ribeiro e Raul Ryff dividiam as responsabilidades, enquanto se prolongava a ausência de Goulart, no Sul o dia inteiro.

No mesmo dia Brizola partia para o Rio Grande do Sul e recomendava a todos os brasileiros – "fiquem atentos" e "prontos a repelir por todos os meios qualquer tentativa golpista dos inimigos do povo". Conferia à atitude dos marinheiros "grande significação democrática".

Dois líderes do CGT, Oswaldo Pacheco e Dante Pellacani, assistiram os marinheiros com sua experiência política: não deviam arredar pé da posição que tomaram e podiam contar certo com a solidariedade dos trabalhadores de todo o

---

26 Chefe da Casa Civil e secretário de Imprensa, respectivamente.

País. Pacheco fez a promessa: o almirante Aragão voltaria ao comando dos fuzileiros e todos os presos seriam libertados. E, na tarde de sexta-feira, Goulart cumpriria ao pé da letra a palavra empenhada pelo dirigente do CGT.

Na assembleia permanente dos marinheiros foi proposta e decidida a criação da União Geral dos Trabalhadores Militares, entidade de cúpula para centralizar o comando político das associações de praças, cabos e sargentos. O CGT oferecia sua proteção e sua experiência.

Às 17 horas um grupo de mil portuários tomava posição de solidariedade, do lado de fora do Palácio dos Metalúrgicos. Daí por diante foram chegando representações sindicais das classes mais ativas. À frente, em posição de destaque, estavam os trabalhadores de petróleo e os têxteis.

Nota do gabinete do ministro da Marinha, ao anoitecer, esclarecia que os amotinados eram estimados em 600, entre fuzileiros e marinheiros, mas as estatísticas das esquerdas falavam em três mil. À noite chegava a "solidariedade irrestrita" do Fórum Sindical de Debates, em telegrama vindo de Santos. E também o oferecimento de ajuda, em qualquer emergência.

O CGT, em circular nacional urgente, determinava que todos os sindicatos se mantivessem em posição de alerta e preparassem o dispositivo de greve, para a eventualidade de se tornar necessária a demonstração de força e solidariedade, paralisando o Brasil e impedindo qualquer medida contra marinheiros e fuzileiros.

DIA 27

Apesar das tentativas da esquerda de situar os acontecimentos da Marinha numa perspectiva política, a interpretação que repercutia em crescendo nas áreas militares era a da quebra definitiva da disciplina e o rompimento do princípio da hierarquia. Foi possível ao governo deter os fatos no fim de semana, não a interpretação militar de suas origens e consequências futuras.

A madrugada de Sexta-Feira Santa, para Goulart, foi de entendimentos com as figuras de seus dispositivos militar e político. Dirigentes do CGT representaram os marinheiros nas negociações que atravessaram a noite toda. Ao amanhecer era nomeado ministro da Marinha o almirante Paulo Mário Rodrigues. Pelo acordo realizado, marinheiros e fuzileiros começaram daí a pouco a ser levados para o I Batalhão de Guardas, para retornarem ao fim da tarde à liberdade, por ordem de Goulart.

O líder da rebelião, o cabo José Anselmo, deixou a prisão e dirigiu-se diretamente ao gabinete do novo ministro, para conferenciarem. Comunicado oficial do gabinete do ministro da Marinha informava, pouco depois, que o almirante Cândido Aragão estava mantido no Comando dos Fuzileiros e que se processariam alterações imediatas no alto comando da Armada.

Em filas de vinte, com os braços passados uns sobre os ombros dos outros, os marinheiros libertados saíram imediatamente às ruas. Chegaram à avenida Rio Branco e seguiram em direção à Candelária. Pararam junto ao busto de Marcílio Dias, na Praça XI, para colocar a âncora de flores levada em triunfo junto à estátua do herói, e compuseram-se para os fotógrafos, certos de que a pose não era para álbum de família, mas para a História. Foram daí para a Candelária, na intenção de demonstrar publicamente que não eram comunistas. Foi dito que Goulart se irritou no dia seguinte, quando não encontrou nos jornais as fotografias do agradecimento religioso.

Quando os marinheiros triunfantes passavam diante do ministério da Guerra, as luzes acenderam-se nas janelas do gabinete do ministro, cheias de oficiais que se debruçavam em silêncio sobre a cena dos rebeldes.

Depois da Candelária, os marinheiros localizaram nas proximidades do ministério o almirante Aragão e o transportaram, em triunfo, sobre os ombros — aos gritos de *Viva Jango, Viva Aragão* até a sede da Associação, para as celebrações definitivas.

À noite o gabinete do novo ministro da Marinha anunciou a abertura de três inquéritos: para apurar a morte de um marinheiro, metralhado por oficiais no pátio do ministério, outro para examinar o fundamento das queixas que motivaram a revolta e outro ainda para a prática de arbitrariedades pelos oficiais — origem declarada da demonstração de indisciplina.

O comunicado da Contel[27], na Sexta-Feira Santa, resumia os fatos, intimava as estações de rádio a transmitirem apenas notícias liberadas oficialmente e informava que Goulart estava no Rio desde as 16h15min de quinta-feira. Na véspera, o Laranjeiras assegurava a presença de Goulart no Sul até o fim da noite. E sua chegada ao Rio depois de uma da madrugada.

O líder do PTB, deputado Doutel de Andrade, definia na sexta-feira o levante dos marinheiros como "uma questão disciplinar", recusando-se a acreditar que os fatos pudessem afetar a votação do projeto de anistia dos sargentos de Brasília, em pauta na Câmara para a semana que ia chegar.

Comentário assinado por Georges Clement e distribuído pela *France-Presse* para o mundo inteiro: "A febre de re-

---

27 Conselho Nacional de Telecomunicações.

voltas no Brasil, tantas elas têm sido ultimamente, pode acabar realmente — e num futuro próximo — em coisa muito séria e definitiva".

DIAS 28 E 29

Um pouco tarde, as fontes de informação do governo negavam a lista tríplice oferecida pela CGT para a escolha do novo ministro da Marinha. Os dirigentes do CGT consideravam perfeitamente dispensável o cuidado: era do seu interesse comprometer mais ainda Goulart com o dispositivo sindical de esquerda. Sustentaram a informação.

"Exército e Aeronáutica não podem ficar indiferentes", apelava o Clube Naval em manifesto estampado nos jornais de domingo. Os associados do Clube Naval não entendiam a solução política da crise de disciplina: duas sessões exaltadas no sábado, à tarde e à noite. O conhecimento de pormenores levou-os a se declararem em assembleia permanente no domingo.

O ministro Paulo Mário Rodrigues testou os comandos da Marinha para tomar o pulso da situação. Na entrevista coletiva, publicada nos jornais do domingo de Páscoa, definia-se politicamente como partidário da emancipação nacional "com os meios que forem eficazes". Quanto aos fatos que lhe confiara o ministério da Marinha, condicionava sua permanência no cargo à anistia para os rebeldes: "Marinheiro não pode ser um eterno raspador de ferrugem: ele tem direito à politização". Mostrou-se disposto a reconhecer a Associação dos Marinheiros, se ela funcionasse "nos moldes das congêneres", recomendando aos seus dirigentes que dessem à entidade um estatuto "no espírito da Constituição".

Ao ouvido de um oficial da Casa Militar, o almirante Paulo Mário Rodrigues desabafou, no trajeto do Laranjeiras ao ministério, para assumir o posto: "Meu Deus, como é dura a luta contra o imperialismo agonizante". O novo ministro adiou a apresentação dos marinheiros rebeldes, de segunda para terça-feira. Eram perceptíveis resíduos de animosidade entre oficiais e marinheiros.

Porta-vozes do Palácio Laranjeiras deram a entender, em contatos pessoais sábado à tarde, a irritação de Goulart com a prática do radicalismo brizolista e a disposição de congelar Aragão, depois de ultrapassada a crise. Os informantes estavam certos de que a crise se resolveria favoravelmente a Goulart.

Políticos e militares, com trânsito mas sem confiança na intimidade de Goulart, aconselharam-lhe no fim de semana a transferência da homenagem que sargentos lhe preparavam para segunda-feira à noite no Automóvel Clube. Goulart resistia às recomendações de prudência, respondendo que o adiamento poderia ser entendido pelos seus adversários como sinal de fraqueza. Principalmente certas áreas militares despertadas pela questão disciplinar.

O cabo José Anselmo comparecia também nos jornais de domingo. Reinterpretava a indisciplina numa versão política, para engrandecer os acontecimentos que o fizeram líder: "Foi uma atitude direta contra o golpe que partira de oficiais que já governaram a Marinha, entre eles o almirante Sílvio Heck". Negava todas as proclamações e discursos da véspera, segundo os quais a indisciplina era ditada pelas condições insuportáveis em que viviam os marinheiros. Explicava José Anselmo: "O golpe seria contra o presidente da República e contra os ideais reformistas". Anunciava também que a classe obedeceria ao novo ministro: "São oficiais progressistas que estão mandando, dispostos a lutar pelo desenvolvimento e independência de uma Marinha realmente brasileira".

O domínio da situação, na palavra dos intérpretes políticos do governo e nas vozes da liderança esquerdista — ambos dispostos a pagar para conhecer o jogo do adversário — não correspondia ao tom dos editoriais da imprensa, naquele último fim de semana de Goulart. Os jornais assinalavam indícios de um período de dificuldades a transpor. A tensão era geral. As sessões de cinema mostravam, naquele fim de semana, o documentário do comício do dia 13: as manifestações contra Goulart alcançavam formas exaltadas e prolongadas.

Os jornais franceses tinham batizado de *Motim da Páscoa* a sequência dos marinheiros, abrindo maiores espaços à crise e difundindo a impressão de que "vai ocorrer algo no Brasil". *Combat* assinalava: "Os estados-maiores consideram que Goulart rompeu a hierarquia militar". *L'Humanité*, órgão oficial do PC francês, considerava importante a junção política de soldados e marinheiros com operários e camponeses, "na luta pelas reformas de base". Via esse quadro no Brasil.

DIA 30

Na fala presidencial aos sargentos, no Automóvel Clube, Goulart prometia-lhes uma nova lei de promoções. Embalado no improviso e no aplauso, tratou da crise na sua forma naval, "provocada por uma minoria de privilegiados". Aos sargentos, apresentou os fatos como a manipulação de interesses particulares empenhados contra o governo. Era a união do *dinheiro grosso*, representando capitais estrangeiros, grande indústria e refinarias encampadas, com o *dinheiro miúdo*, os interesses dos proprietários de imóveis e comerciantes.

Até o momento em que Goulart se mostrou num perfil de arrogância, na feição política da questão disciplinar da Marinha, os setores políticos e militares esperaram dele uma palavra contra a indisciplina. Daí por diante não esperaram mais nada na linha da normalidade. A segunda-feira estava repleta de iniciativas esquerdistas, que confirmavam o desdobramento das ações desencadeadas no dia 13.

O comandante do I Exército — que se compõe das unidades sediadas em Minas e no Rio — convocou os comandos e analisou em segredo a situação militar no País. O resultado da verificação não chegou ao conhecimento público.

Estudantes de São Paulo, Minas e Estado do Rio tinham aberto a semana com um manifesto de advertência. Pressentiam o perigo e respondiam com a ordem de preparação da greve nacional da classe.

Magalhães Pinto, Carlos Lacerda, Ildo Meneghetti e Ademar de Barros[28] eram apontados num manifesto do CGT como articuladores de uma tentativa para depor o presidente da República. O documento tornava pública a decisão de deflagrar a greve que paralisaria o Brasil, no momento em que se fizesse necessária a entrada dos trabalhadores em ação.

Antes, um porta-voz do Comando Geral dos Trabalhadores informara que os navios da Armada estavam imobilizados. Cumprindo ordens de seu comando político, os marinheiros tinham preparado as máquinas dos navios para não funcionarem. Apenas o cruzador *Barroso* tinha

---

28 Governadores dos estados de Minas Gerais, Guanabara, Rio Grande do Sul e São Paulo, respectivamente.

condições de se movimentar: estava sob controle dos marinheiros, donos também dos depósitos de armamentos da Marinha de Guerra.

Os oficiais da Marinha lançaram um manifesto, dirigido aos marinheiros, apelando para o sentimento militar, com a restauração da disciplina e da hierarquia.

Os almirantes assumiram mais uma responsabilidade: mandaram ao ministro da Marinha memorial informando-o da decisão de "declinar dos cargos que ora ocupam, se o ministro não reconhecer a validade das considerações que fazem". Estavam chocados pelos fatos da semana anterior, principalmente o quadro do almirante Aragão, militarmente descomposto, carregado pelos marinheiros em triunfo nas ruas.

Em nota oficial o ministro da Marinha anunciava à tarde a abertura de inquéritos para esclarecer as raízes da rebelião dos marinheiros, as celebrações nas ruas e, por último, a manifestação dos oficiais que assinaram o memorial, com "imposições feitas ao ministro".

Do Palácio das Laranjeiras partiu durante a tarde a informação imprecisa de que Goulart examinava a retirava do almirante Aragão do Comando dos Fuzileiros e a anulação do ato de nomeação do almirante Araújo Suzano para a chefia do Estado-Maior da Armada. A intenção não se materializou, porque a parcela mais ativa ao lado de Goulart considerava tarde demais para alterar o curso dos fatos com acenos de paz e concessões políticas.

A esquerda radical externou seu descontentamento quando soube dos três inquéritos abertos na Marinha. A intenção de Goulart com os inquéritos era apresentar os oficiais da Marinha como participantes de atividades contra o governo e contrapor-lhes, politicamente, a conduta dos marinheiros como defensores da legalidade. Ainda assim o setor radical entendeu o lance como manobra de inspiração defensiva. Num encontro com Goulart, seus dirigentes haviam mostrado apreensões especiais quanto a São Paulo, apontando como perigosa a junção política do general Amauri Kruel[29] com o governador Ademar de Barros[30], ambos com idênticas disposições anticomunistas.

Goulart, porém, não partilhava da desconfiança. Contou que mantinha contato permanente com o comandante do II Exército. A credulidade presidencial irritou a esquerda radical, dotada de intuição do perigo mas sem a perspectiva de uma saída que não significasse agravamento deliberado da crise. Os radicais estavam convencidos de que levariam a melhor no acerto de contas.

Era o que Brizola esperava com impaciência, e que chamava de *desfecho*, a grande oportunidade para que se tinha preparado.

A edição do *Washington Star* apontava para a situação brasileira, naquela segunda-feira, o golpe de Estado como a solução clássica. Na sua opinião a iniciativa deveria partir dos líderes conservadores, para bloquear o comunismo.

No Rio a semana começara carregada: o CGT denunciava a Marcha da Família, marcada para daí a três dias, como "importante peça na articulação do golpe" e ameaçava com a resposta dos operários, "por todos os meios", a qualquer gesto golpista. Na mesma nota concitava os sindicatos a "manterem-se preparados para desfechar a greve geral em todo o território nacional, na defesa das liberdades democráticas e sindicais", e detalhava, "usando as formas de luta que o momento comportar, além da greve

---

29 Comandante do II Exército, em São Paulo.
30 Governador de São Paulo.

geral". Transparecia no comunicado do CGT um apelo a formas de luta armada.

Todos os sindicatos de Minas, São Paulo e Estado do Rio, tocados de nervosismo, estavam em assembleia permanente na noite de segunda-feira. Preparavam a greve geral que seria decretada 24 horas depois. O dirigente sindical mineiro, deputado Sinval Bambirra, explicava numa declaração: "Ainda desta vez, a greve — como arma de classe — poderá ser usada contra os golpistas".

O comando do Sindicato dos Ferroviários expedia do Rio ordem telegráfica a todos os núcleos do interior brasileiro, convocando a classe à ação — "a todo custo, com as armas que o momento exige".

A UNE passou à frente e denunciou uma "trama golpista já em execução". Em Belo Horizonte, um documento estudantil divulgado naquela noite tinha o título — "Não capitularemos".

DIA 31

A madrugada do novo dia encontra Minas Gerais antecipando-se ostensivamente em providências militares. A Polícia Militar e as tropas do Exército já estavam a caminho de posições previamente estabelecidas.

O governador Magalhães Pinto proclamou, em pronunciamento que atravessava o País inteiro: "O presidente da República escolheu o caminho da subversão para realizar as reformas". À frente das tropas que deixavam os quartéis em Juiz de Fora, para a ação armada, o general Olímpio Mourão Filho apresentava sua definição de comandante da IV Região Militar: "Há de ser afastado do Poder o presidente que abusou dele e, de acordo com a lei, operar-se sua sucessão, mantida a ordem jurídica".

A tensão tomou conta do Rio, São Paulo e Brasília, paralisando os acontecimentos até o fim da tarde. A mercadoria do dia eram boatos, em cotação excepcional. Em seu gabinete, o ministro da Justiça recebeu os jornalistas no fim da tarde e declarou com segurança: "O governo está forte, como sempre". Mostrou que não havia percebido muito na crise da Marinha e no seu prolongamento subsequente: "O ministro da Marinha agiu com sabedoria ao anistiar os marinheiros".

No fim da tarde Goulart mandava chamar Juscelino Kubitschek às Laranjeiras, numa tentativa de esvaziar a crise com o apoio do PSD atordoado. Kubitschek ainda arriscou um "apelo de paz ao governo e à Nação", mas sem destinatário declarado. Não chegou às mãos de ninguém.

Na terça-feira os marinheiros rebeldes apresentaram-se, já perdoados. À tarde entravam em prontidão rigorosa e assumiam seus postos a bordo das unidades de guerra. No Clube Militar realizava-se uma assembleia. Na presença de oficiais das três armas, o presidente do Clube, marechal Magessi Pereira, pedia "a salvaguarda da disciplina nos quartéis, nos navios e nos aviões".

Vinte e uma horas de terça-feira: o almirante Suzano assume efetivamente o comando do Estado-Maior da Armada. Durante a tarde ele esteve no comando, sem formalizar a posse, como margem de segurança para Goulart negociar um recuo e aliviar a crise militar.

À tarde, 27 almirantes formalizaram ao ministro da Marinha seu pedido de demissão dos cargos que ocupavam, declarando-se "em posição contra o Governo".

Quando a noite chegava, a Polícia da Guanabara realizou uma ofensiva nas sedes sindicais e fez as primeiras prisões. A operação fulminante desarticulou o comando sindical. Melo Bastos, dirigente do CGT, conseguiu livrar-se no ato da prisão porque tinha no bolso sua carteira de coronel da Aeronáutica. Daí a pouco, em entendimentos com o comando da III Zona Aérea, obtinha proteção militar para a sede da Federação Nacional dos Estivadores, garantindo o funcionamento da direção da greve. Os indícios revelavam certa confusão e surpresa nas esquerdas. As fontes de informação desapareceram. A rearticulação imediata mostrava-se difícil, depois da primeira investida do DOPS[31]. A ordem para a deflagração da greve geral foi dada e os líderes buscaram abrigar-se.

Pararam imediatamente os trens da Central e da Leopoldina. Grandes massas humanas começaram a acumular-se na praça da República, Ônibus e lotações, para a Zona Norte e os subúrbios, não davam vazão à massa humana sem transporte ferroviário. O Exército mandou os bares das redondezas fecharem as portas às 19 horas. Tropas militares ocuparam as estações da Central e da Leopoldina.

Em busca de notícias e orientação, a presença de Roland Corbisier[32] foi assinalada nas sedes sindicais já vazias. Roland esteve na CNTI, onde funcionava o CGT, e ali declarou que achava confuso o panorama. "Ninguém sabe com quem conta", observava. Roland teve uma formação direitista e afinal se converteu à esquerda, rendendo-se ao radicalismo.

A greve estendeu-se: pararam os trens, os bondes deixaram de trafegar no Rio, as ferrovias paulistas imobilizaram-se e os portos de São Paulo e da Guanabara cruzaram os braços. Os dirigentes bancários ultimavam providências

---
31 Departamento de Ordem Política e Social.
32 Deputado do PTB pela Guanabara.

para a greve na sua área e, se possível, ações de outro tipo. Os estudantes também se preparavam para o que desse e viesse no dia seguinte.

De Brizola não se sabia nada até o fim da noite de terça-feira. Uma versão assinalava-o no Sul, "arregimentando forças", e outro informante ficava mais perto: "Pode ser que esteja no Rio, em plena ação".

O dirigente do CGT, Oswaldo Pacheco, foi ao encontro de Goulart, nas Laranjeiras. O presidente tinha reserva inesgotável de paciência: esperava primeiro o pronunciamento do general Kruel. Decidiria depois. Enquanto esperava, a noite ia em frente.

Deputados da FPN reuniram-se para passar em revista as coisas e decidiram que era desnecessário lançar manifesto: "Goulart é senhor absoluto da situação", pelos dados de que dispunham. Achavam que Goulart poderia "perfeitamente enquadrar Magalhães Pinto dentro da lei", isto é, "com a intervenção federal em Minas".

Com base nessas conclusões, assentaram providências, à maneira deles. Integravam-se num contragolpe sem comando político central. Irremovíveis de pontos de vista que vinham sustentando havia três anos, não percebiam o curso real dos acontecimentos, nas aparências ideais para eles.

O Conselho de Segurança "tem graves revelações para oferecer ao Governo", informava um porta-voz da esquerda. Qualquer decisão, porém, continuava condicionada por Goulart ao pronunciamento do general Kruel, fechado em silêncio em São Paulo.

Todas as comissões sindicais executavam a ordem de greve geral emitida pelo CGT. A direção dos bancários convocava a classe para as 8 horas da manhã seguinte, quando uma assembleia iria "discutir e tomar medidas que o rumo dos acontecimentos exigir". Não se lembraram de que a greve geral paralisaria os transportes coletivos. Ninguém compareceria.

A preparação, em Recife, de um documento do governador Miguel Arraes foi anunciada pelo escritório de Pernambuco no Rio: "Pernambuco responderá com uma greve geral à tentativa de golpe contra o presidente", informava o escritório. Na manhã daquele dia, Miguel Arraes havia telefonado bem cedo ao ministro da Justiça. Queria saber da situação, e oferecia-se para vir ao Rio. O ministro da Justiça Abelardo Jurema desaconselhou. Era desnecessário, melhor ficar por lá.

Não bastou para os dirigentes do Centro Acadêmico Cândido de Oliveira a posição a favor da "greve contra o golpe", na demonstração pública de solidariedade ao CGT. Pediam também a constituição de "um ministério popular".

Àquela altura, porta-voz do Departamento de Estado via os fatos brasileiros "cuidadosamente e com precaução". E o *New York Times* admitia possibilidade de guerra civil no Brasil.

São Paulo definiu-se ao lado de Minas e movimentou-se militarmente noite afora. Depois do pronunciamento do governador Ademar de Barros, a expectativa concentrou-se no general Kruel. A última palavra cabia ao comandante do II Exército. Veio pelo rádio a proclamação: aceitava "a posição de extrema responsabilidade, para salvar a Pátria da infiltração comunista que se observa no governo". Automaticamente as estações de rádio de Minas e São Paulo juntaram-se numa rede para comunicar ao País a decisão política e a marcha da rebelião militar.

Em nota oficial, Goulart reconhecia publicamente, naquela noite, a deflagração de um movimento militar e o filiava "às mesmas tentativas anteriores de golpe de Estado", para em seguida assegurar que o levante "está condenado a igual malogro".

Terminava um dia de boatos alarmistas e uma noite de definições militares. Apenas o Partido Comunista, com antecedência de 24 horas, sentiu o que estava por acontecer. Desde o dia anterior os comunistas analisavam a situação brasileira. Responsabilizaram o radicalismo de Brizola e Aragão pela precipitação irresponsável da crise. A radicalização teria como consequência a união do centro e da direita. O deslocamento da classe média isolaria as esquerdas e confinaria Goulart ao esquerdismo. Prisioneiro do sectarismo e enfraquecido pelo *divisionismo*, duas formas do radicalismo — constatava o PCB — Goulart estava exposto ao golpe militar, com lastro de opinião pública.

O recurso à greve geral também preocupara os dirigentes do PCB. Consideraram fácil paralisar o setor estatal no Rio e em São Paulo, mas na área privada haveria dificuldades. A greve geral comportava duas hipóteses: evoluir no sentido revolucionário ou durar, no máximo, de 24 a 48 horas, esvaziando-se para ser esmagada em seguida. E, no seu malogro, arrastaria toda a esquerda.

Assinalaram os dirigentes comunistas ainda a existência de divergências profundas nas táticas dos grupos esquerdistas: as lideranças não se entendiam e os grupos se hostilizavam. O PC examinou as duas alternativas de saída para a crise, à luz dos dados de que dispunha, friamente, com antecedência de dois dias. E chegou à conclusão de que a direita dispunha de melhores oportunidades.

Na manhã do dia 31, véspera do desmoronamento militar do governo, um dirigente comunista reuniu-se com homens do setor de comunicações do dispositivo esquerdista, na área do DCT[33]. Ficou desanimado: quatro quintos da ordem do dia foram gastos na discussão de pedidos de nomeação para o serviço público federal. Para ele, era sintoma do fim.

DIA 1º DE ABRIL

No momento em que Goulart deixou o Rio, as unidades militares — imobilizadas pelo equilíbrio de definições opostas nos seus comandos — resolveram, uma a uma, suas dificuldades internas e definiram-se pela deposição do governo.

Às 16 horas, as duas estações de rádio que sustentavam a resistência janguista com informações irreais foram silenciadas. Tropas do Exército tiraram do ar a Rádio Nacional e a Mayrink Veiga. E tomaram o lugar dos fuzileiros, na guarda dos estúdios.

Daí a pouco a UNE estava em chamas: do lado de fora, massas da classe média celebravam o esmagamento das esquerdas e a queda de Goulart, queimando as faixas que diariamente desafiavam a quem passasse pela praia do Flamengo. Lá dentro, por iniciativa dos dirigentes estudantis, o fogo devorava documentos. Centenas de automóveis desfilavam pelas pistas do aterro. Buzinas e pedaços de papel lançados dos apartamentos alinhados na praia do Flamengo enchiam o espaço. No chão molhado, as chamas ampliavam as dimensões do incêndio, conferindo-lhe importância simbólica. Veio gente de longe para ver a UNE em chamas.

Assim que a Rádio Inconfidência anunciou de Belo Horizonte a partida de Goulart para Brasília (as estações do

---

33 Departamento de Correios e Telégrafos.

Rio guardavam silêncio por imposição da censura, exceto para as que se integraram no irrealismo informativo do governo), estudantes em frente à Faculdade de Direito, no Rio, decidiram experimentar as armas que os fuzileiros lhes haviam confiado para o momento decisivo. Num choque com soldados da Aeronáutica, sete estudantes tombaram feridos e um caiu morto.

Às 16 horas a polícia aproximava-se da sede do CGT. Figuras secundárias no esquema sindical fecharam por dentro as portas. Quando a polícia desistiu de entrar, os retardatários saíram discretamente. E desapareceram.

Brizola não desanimou. Em Porto Alegre, numa concentração popular diante da prefeitura, convocava os sargentos à ação armada, "para a ocupação dos quartéis e a prisão dos golpistas". Vivia o momento para o qual se preparara como orador: "A gorilagem civil e militar leva alguma vantagem porque ainda não chegou a hora do cheiro de pólvora". Recomendou aos sargentos tomarem as armas dos oficiais e prendê-los. "A greve geral é um fato em todo o País", garantia Brizola. O orador suplantara definitivamente o líder político organizador revolucionário.

Às 18 horas o almirante Aragão era preso pelo Exército. À mesma hora, em Recife, já estava preso o governador Miguel Arraes. E com ele, nas mãos do Exército, 120 figuras de seu governo e da ação política. A deposição de Arraes custou a morte de dois estudantes em Recife: uma rajada de metralhadora desfez a primeira demonstração popular de protesto. Às 18 horas a Assembleia Legislativa pernambucana já havia votado o *impeachment* de Arraes.

O assessor sindical do Palácio do Planalto chegou às 16 horas e dirigiu-se diretamente a Goulart: "Nossa luta está perdida". Nos últimos dois dias tentara paralisar os trabalhadores da baixada santista, como forma de resistência política para escorar o governo que caía.

DIA 2

Depois da partida de Goulart para o Sul, e antes da entrada de Ranieri Mazzilli, Darcy Ribeiro tentou insuflar espírito de resistência nos homens que compunham as Casas Militar e Civil. O quarto andar do Palácio do Planalto era ocupado pelas duas. Os militares estavam nos seus postos burocráticos, cumprindo o destino. Possuído de disposição revolucionária, Darcy Ribeiro, num esforço supremo, convocou os oficiais para denunciar a "covardia dos militares" e colocá-los em brios. Desde os primeiros minutos do novo dia, Darcy foi a alma danada da revolução por toda a madrugada, recrutando fantasmas de um dispositivo militar frustrado. Um coronel do Conselho de Segurança trocava ideias num grupo de sargentos: empenhavam-se em constatar que a situação estava irremediavelmente perdida. A roda ampliou-se com a chegada de um grupo civil. Civis e militares discutiram e exaltaram-se. Quase se atracaram. Dois militares retiraram-se, cabeça baixa, passo lento, para a outra ala do 4º andar. Na porta surgiu Darcy: "Não entendo uma revolução sem tiro. Na verdade estão vendendo João Goulart".

Os militares do Planalto reuniram-se novamente para rever as informações e concluíram outra vez que não havia mais jeito. As tropas do general Nicolau Fico protegiam o Congresso contra qualquer assalto popular. Estala uma troca de acusações e desconfianças antigas, pessoais e políticas. Alguém lembrou: "O presidente nos pediu 48 horas. Temos que prorrogar isso de qualquer maneira".

Passava das duas da madrugada quando o chefe de polícia, a chamado de Darcy Ribeiro, apresentou-se. O tenente coronel José Lemos Avelar estava acompanhado de três oficiais. No Gabinete Militar estavam à sua espera Darcy Ribeiro, Waldir Pires e Cândido de Oliveira Neto. Juntos repassaram outra vez os dados disponíveis e concluíram inapelavelmente: não há a menor possibilidade de montar a resistência.

No comando militar de fato, o coronel Avelar teve um lampejo de resistência. Chamou um sargento e pediu-lhe uma informação. Em seguida determinou uma providência: buscava impedir a entrada de Ranieri Mazzilli no Palácio do Planalto.

O senador Auro de Moura Andrade, presidente do Senado, assumia a responsabilidade do ato e declarava vago o cargo de presidente da República, abandonado por João Goulart. E convocou Ranieri Mazzilli, presidente da Câmara, para assumir o lugar de acordo com a Constituição. Os protestos violentos e as cenas dramáticas representadas pelos parlamentares do PTB não alteraram os fatos.

Daí a pouco, num grupo de deputados e senadores, chegava Ranieri Mazzilli ao terceiro andar do Palácio do Planalto, para o exercício de uma nova emergência.

No andar de cima chegava o emissário que o coronel Avelar havia despachado em missão secreta. Os remanescentes da Casa Militar e o grupo civil de Darcy ficaram então sabendo que tinha sido impossível a última operação: cortar a luz e a água do Congresso. Era a hora da retirada: saíram pelo elevador dos fundos, privativo do gabinete. Às 4h10m, o general André Fernandes assumia o controle do Gabinete Militar. Imediatamente começou a botar em ordem a casa verde e amarela.

ANTES

LACERDA E JK: HIPÓTESES FRUSTADAS
23 de fevereiro

Todas as atenções voltaram-se para João Goulart, na expectativa de um lance político decisivo, capaz de caracterizar seus propósitos de que muitos falam mas ninguém sabe realmente quais sejam. Cada setor interpreta à sua maneira o que podia adivinhar no presidente da República, em quem se tornaram visíveis sinais de uma ação programada e aparentemente irreversível.

Ninguém desconhece mais a deliberação já instalada em João Goulart, verificável principalmente depois da frustração do pedido do estado de sítio, que teve sobre ele efeitos decisivos. Ha uma linha de comportamento que veio, sem quebra de continuidade, a partir da lição que Jango tirou da impossibilidade de resolver as suas dificuldades com a implantação do sítio. Nesse período, Goulart preparou-se para ações decisivas para ele, e tudo que passou a representar, independentemente de seu desejo e possibilidades.

Estávamos na véspera da passagem de Goulart às ações que representariam o amadurecimento de disposições adaptadas às oportunidades, mas ainda dependentes de encaminhamento definitivo. Depois da descaracterização ideológica de suas massas de manobra — minadas formalmente no comício de agosto na Cinelândia — Jango já podia avaliar as forças com que contava e estabelecer as linhas da campanha, onde setores de esquerda e interesses nacionais não podiam deixar de ficar a seu lado.

É tanta a certeza de que dá mostras — inclusive da segurança que parece ter alcançado para operar politicamente no curso daquele ano — que todas as expectativas se situaram na abertura de uma ofensiva política de Goulart, em termos definitivos. As esquerdas esperavam os fatos para tomarem posição, mas recusaram-se a admitir, nas ações de Goulart, aquilo que os grupos radicais cansaram-se de esperar dele, nos dois anos anteriores. As forças conservadoras e a maior parte dos partidos que se imobilizaram no centro encastelaram-se numa desconfiança que não era criadora: centralizaram suas atenções sobre o presidente e reservaram suas energias para uma luta decisiva, em termos de legalidade e defesa do regime. Não se aperceberam de que havia alterações que se aceleravam a olhos vistos, porque estavam com as atenções fixadas no caráter político das transformações.

A impossibilidade que cerceava João Goulart, levando-o a alterar seu comportamento, atingia também os setores ativos da oposição e imobilizava em perplexidade os interesses conservadores. Não era Goulart quem se salvava das dificuldades através de seu jogo tático, mas na verdade era a aceleração das transformações que se operavam autonomamente, de modo independente dos desejos de grupos políticos e de comandos. E o que dava mobilidade a Goulart, pesava em dificuldades sobre os interesses conservadores e imobilizava a atuação dos partidos do centro. Faltava-lhes a perspectiva da ação, porque não se davam conta de que, por trás das aparências, havia fatores novos estimulando o aparecimento de outros problemas. Utilizando pontos de vista que se situavam no passado, através do confronto com episódios que tiveram outro tempo e outro espaço, não encontraram saídas novas, e as velhas mostraram-se impotentes para abrir-lhes passagem na crise brasileira.

Goulart inicia sua ofensiva, declaradamente, para obter as reformas naquele ano, sustentando-se em dois pontos que abarcavam todo o seu programa: o capital estrangeiro e a reforma agrária. Na regulamentação da lei de remessa de lucros, Goulart ficou sozinho, sem o amparo das esquerdas: não teve que dividir as honras com os radicais, nem arcar sozinho com as dificuldades, porque ampla faixa da opinião pública, trabalhada pelo nacionalismo, sentiu-se obrigada a defender o controle da remessa de lucros.

Na reforma agrária, Goulart conquistou também uma dimensão exclusiva para encaminhar o problema. Através da Supra, acabou encontrando a saída de que João Pinheiro Neto foi o artífice. A ideia de iniciar as desapropriações de terras pelas margens das estradas federais, ferrovias-tronco, ao longo dos grandes cursos d'água e ao redor dos açudes públicos, superou uma discussão improdutiva, que durava demais sem oferecer oportunidades práticas. A impossibilidade de aprovar a emenda constitucional para alterar o dispositivo de desapropriação de justa indenização e pagamento prévio passou para trás a discussão e adquiriu contorno prático no projeto da Supra.

A presença das Forças Armadas na condução da reforma agrária, estabelecida pelo convênio em que se encarregavam da parte técnica de fazer o levantamento e a demarcação, produziu efeito político saneador na inquietação que se alastrava nas bases rurais do PSD e da UDN.

A reforma agrária, na forma de encaminhamento que lhe deu a Supra, ganhou maior viabilidade com o agravamento da tensão que se propagava nos campos, incluindo novas áreas de atrito num mapa em que apenas o Nordeste apresentava ponto crítico. O alastramento da tensão rural, já agora em termos de choques armados, criava a expectativa de instabilidade política, mas fez do projeto da Supra uma solução viável e uma válvula para esvaziar a crise agrária.

João Goulart teve em mãos, portanto, dois instrumentos forjados dentro do programa político que estava sob sua responsabilidade: a remessa de lucros era uma arma definitiva no problema do capital estrangeiro e, com ela, o presidente atuava junto à parte da opinião pública mais sensível às teses que responsabilizam o capital estrangeiro por uma boa parte das dificuldades nacionais. Com ela também se creditaria junto a interesses industriais brasileiros.

Portanto, Goulart estava perfeitamente coberto em dois setores em que se localizava a maior parte das reivindicações políticas contidas no programa de que se fez condutor: o problema do capital estrangeiro e a reforma agrária já podiam ser apresentadas como realizações de Goulart, pelo menos no que respeitava às suas bases. A regulamentação da remessa de lucros e o projeto da Supra significavam o encerramento da primeira grande batalha vencida por Goulart. Ninguém se lembrava mais de que a remessa de lucros fora aprovada no Congresso. A regulamentação da lei capitalizou inteiramente para o presidente da República os dividendos políticos, que não eram lembrados nem para suavizar as críticas que pesavam nas costas dos deputados e senadores.

Com esses dois instrumentos, Goulart passava agora à segunda etapa de seu programa político: reapareceu em ofensiva com uma definição importante nos dois planos onde encerrava a discussão de qualquer problema brasileiro de importância.

Estava livre dos compromissos com a esquerda, apontada como negativa e radical, de relações políticas difíceis porque seus comandos ainda não se haviam emancipado de teorias e não tinham uma experiência apurada. As esquerdas não se beneficiaram das duas ferramentas que Jango forjou: a remessa de lucros foi regulamentada quando os radicais estavam de mal com Jango, e, no capítulo agrário, ficaram também à margem da estrada. E a tendência dominante nos radicais era ficarem fora da lei.

As forças do centro tradicional também se alhearam às lutas de Goulart, que ficou sozinho na autoria das duas soluções encaminhadas para a área do capital estrangeiro e a reforma agrária. O projeto da Supra não cobrava de Goulart nenhuma pressa, porque as condições explosivas no campo se encarregariam de abrir-lhes passagem pacífica. A consagração agrária esperava Goulart, pelo equacionamento do projeto da Supra, em prazo muito curto.

O potencial de força de que o governo Goulart dava sinais, na programação política que se dispôs a realizar naquele ano, sob o título genérico das reformas de base, surpreendeu naquela semana as duas áreas que ainda não haviam feito juízo objetivo e definitivo sobre Jango: esquerdas e conservadores perderam o fio das ideias e desconfianças com o pronunciamento presidencial. Goulart dispôs-se a fazer a reforma cambial, com que se apresentou no rádio e na televisão, quando a expectativa naquelas duas áreas era de sentido oposto. Ao contrário do monopólio de câmbio, Goulart rumou para um afrouxamento cambial, sujeitando, entretanto, dois produtos de exportação, em conjuntura favorável no mercado internacional, ao monopólio confiado ao Banco do Brasil.

Os efeitos do pronunciamento de Jango estavam sujeitos a fatores variáveis e, sobretudo, à capacidade de perseguir os objetivos que se propunha, compondo uma linha de atuação que não o sujeitava nem às críticas da esquerda, nem às reservas conservadoras. Os resultados que obtivesse nas negociações financeiras internacionais e nas medidas para conter a inflação poderiam recriar na opinião pública o apoio que nenhum grupo político lhe podia oferecer. É com a opinião pública que Jango tende a se entender diretamente, dispensando os intermediários na medida do possível.

Para isso e para encaminhar as reformas – que lhe custariam ainda dificuldades a vencer – ele dispôs de dois instrumentos nas mãos. A remessa de lucros e o projeto da Supra foram duas realizações que desafogaram o presidente da angústia de ver escoar-se seu tempo de governo sem resultados práticos, capazes de justificar a crise de que não abriu mão para alcançar uma consagração política, deliberada e obstinada. Jango sentiu que duas medidas fundamentais, capazes de condicionar dali para diante seu governo, lhe dariam cobertura política depois que deixar o poder. E antes, até lá, enquanto tivesse de transpor os obstáculos de toda ordem que se apresentavam no caminho das reformas, passou a representar quase sozinho. Depois de aguentar as dificuldades, que ninguém quis repartir com ele, candidatou-se à honra de tê-las conduzido pelos meios que foram possíveis. A mais difícil, a reforma agrária, estava proposta nos termos do projeto da Supra. Seria aceita mais cedo do que pareceu, quando as reivindicações que alcançaram os homens do campo ampliariam as áreas de risco.

A determinação manteve-se em João Goulart, em quem a experiência do poder apresentava sinais de confiança conquistada nos acertos e nos erros. Mas é perfeitamente possível que a remessa de lucros e o projeto da Supra reforçassem em Jango a certeza de que ele já realizara duas tarefas fundamentais e mais difíceis. Se entendesse assim, sentiria que o resto seria mais fácil. Teria condições de conduzir as reformas e a política, com menores riscos e maiores proveitos.

CONDIÇÕES PARA UMA CANDIDATURA DE ESQUERDA EM 1965
01 de março

Apesar do empenho mostrado pelas cúpulas políticas no sentido de antecipar em um ano as definições eleitorais de 1965, dois meses já haviam transcorrido sem que os compromissos se definissem. Os candidatos continuavam suspensos entre as cúpulas políticas e as massas populares. Alguma coisa se alterou, antecipando nas dificuldades de encaminhamento eleitoral impasses que se tornariam mais agudos e que tendiam a caracterizar, no ano seguinte, um quadro de circunstâncias que nenhum deles previu corretamente.

O que parecia então impossível desde alguns meses ganhou viabilidade crescente: o aparecimento de uma candidatura nacionalista e de esquerda começou a configurar-se inevitável, por força do conjunto de alterações que se processaram de modo incontrolável. A presença das massas camponesas no processo político fazia-se com outra motivação, mas sob a influência do processo eleitoral, nas linhas em que se encaminhavam suas reivindicações de classe.

Nas cidades, a opinião pública começava a ser polarizada em torno de outros temas e, embora as preferências pudessem ser mais ou menos aferidas em torno de nomes (porque o prestígio dos partidos decrescera), mas já então levando em conta as características políticas de cada candidato. Entre as cúpulas políticas e a população eleitoral havia um espaço vazio, que os candidatos buscavam, em vão, ocupar por conta própria.

Quem mais se adiantou nessa tarefa foi Carlos Lacerda, que se impôs à UDN antes que os líderes do partido pensassem em equacionar as responsabilidades e possibilidades que se ofereciam à oposição em março de 1964. Representando o estado de espírito predominante na maior parte do eleitorado udenista, Carlos Lacerda antecipou-se à discussão e ganhou as ruas.

Já o PSD não encontrou condições para superar a contradição que lhe devorava o patrimônio político e seu potencial de sobrevivência. Em matéria de precedência no tempo, Juscelino Kubitschek venceu Carlos Lacerda, mas – em compensação – o que noutros tempos teria sido uma vantagem tornou-se um peso superior à sua capacidade de carga. Kubitschek sofreu naturalmente o desgaste de ser candidato desde o dia em que deixou o Governo. A crise que se inaugurou com a renúncia de seu sucessor, Jânio Quadros, aos sete meses de governo, cobrou de Kubitschek posições que ele ainda não podia sustentar publicamente.

Daí a impressão de esvaziamento progressivo do candidato pessedista. Na verdade, o eleitorado básico de Kubitschek estava intacto, mas a dinâmica eleitoral cobrava-lhe uma atividade política que ele não poderia sustentar. As áreas flutuantes, cujos deslocamentos são de grande importância política, desfavoreciam a imagem do candidato pessedista. Era desse fenômeno que Carlos Lacerda se beneficiava: setores adjacentes ao udenismo começavam a gravitar em torno de sua posição definida.

Enquanto Carlos Lacerda se ocupava do seu Governo, entre uma ação política e uma demonstração eleitoral, o senador Juscelino Kubitschek não exercia nenhuma atividade definida, mesmo no Senado: não atuava como líder e seus esforços passavam longe dos olhos da multidão. Kubitschek tornou-se um prisioneiro das dificuldades pessedistas e jogava todas as suas possibilidades na sobrevivência das condições políticas à época: tornou-se também um beneficiário do crescimento eleitoral de Lacerda, único fato capaz de lhe valer o apoio de Goulart.

Acuado taticamente, Juscelino Kubitschek só poderia ter oportunidade real nas eleições de 1965 se contasse com o apoio do PTB e do governo. Jogava, portanto, na sobrevivência da aliança PSD-PTB, que parecia ter realmente esgotado todas as suas reservas. A velocidade das alterações que as operam, de sentido social e político, tornava precária a aliança PSD-PTB. Tudo indicava, ao contrário, que os dois correriam juntos os riscos da derrota.

No passo em que se processava o aparecimento de novos setores da vida política, trazendo novas exigências à população eleitoral trabalhada em termos radicais nos últimos anos, as condições já em fase de transformação indicavam as enormes possibilidades para o aparecimento de outra candidatura, capaz de atender às aspirações políticas de setores de opiniões que ainda não se satisfaziam com os nomes e compromissos em discussão.

Faltou a Kubitschek o reforço das áreas políticas e sociais flutuantes e independentes, porque a crise brasileira empurrava para posições mais definidas e radicais os grupos de opinião mais abertos ao debate e mais sensíveis politicamente. E os setores mais próximos do pessedismo deixaram-se arrastar pela erosão lacerdista, que abalou as bases rurais do partido, zonas férteis em votos.

À proporção que o tempo se escoava, as dificuldades apertavam o cerco ao PSD: de um lado, a dependência tática que o subordinava ao governo, na esperança da retribuição de apoio oficial ao seu candidato, e do outro o crescimento eleitoral de Carlos Lacerda, que ajudava a criar a ideia do esvaziamento de Kubitschek, caracterizando-lhe a indefinição ideológica.

Àquela altura dos acontecimentos desencadeados nos dois últimos anos, Juscelino Kubitschek estava marcado pela mesma dificuldade: sem condições de enfrentar o dilema pessedista, repartido entre o aproveitamento que poderia ter, estando ao lado do governo, e passar para a oposição, aonde o conduziriam naturalmente os receios pessedistas em relação ao programa político de João Goulart.

Na impossibilidade de rever a posição em que procurou ganhar tempo durante dois anos, o PSD teve de continuar a desenvolver a mesma tática, colando-se a João Goulart na esperança de receber dele a herança eleitoral. Era tarde, porém, para seguir o caminho oposto, pois na rota da oposição Carlos Lacerda estava bastante adiantado.

A dificuldade maior estava em que Goulart não podia interromper seu programa político de realizar as reformas à sua maneira, sem correr o risco da ênfase ideológica no controle do processo. E quanto mais perto estivesse das coligações agrárias, mais remotas seriam as condições para a sobrevivência da aliança PSD-PTB. Nas alterações já assinaladas no quadro social e político brasileiro, era irrefreável o aparecimento de uma candidatura de outro tipo, necessariamente pautada pelas teses nacionalistas e possivelmente de tendência esquerdista.

Tudo indicava que não se daria naquele ano a configuração do candidato capaz de reunir as tendências esparsas, porém cada vez mais fortes, que se manifestavam em interesses e ideias dotadas de força. A expectativa gerada no País, sacudido pelo debate político de natureza ideológica, abria caminho para o aparecimento de um candidato que mostrasse viabilidade no último lance eleitoral, no ano seguinte.

A forma de impedir as condições que levariam a um candidato desse feitio seria a guinada eleitoral de Juscelino Kubitschek, se ele tivesse condições de romper o dilema pessedista em relação ao governo Goulart, que apoiava sem convicção. Mas, para Kubitschek lançar-se ao espaço vago na opinião pública, era indispensável sua integração no programa político de João Goulart, dividindo com ele as honras e os riscos. Era possível, mas improvável, que Kubitschek pudesse dar esse passo, sem provocar o estremecimento das bases pessedistas mais conservadoras. Precisaria dispor de uma reserva de convicção muito grande, ou de uma visão tranquila da realidade em processo de mudança, para abdicar do apoio pessedista que lhe falseava aos pés.

Começava a desenhar-se o esvaziamento eleitoral de Kubitschek: a hesitação do comando pessedista, aprisionando o candidato no imobilismo político, beneficiava Lacerda, e sem oferecer nenhuma compensação no setor de opinião pública onde Goulart se movimentava com crescente desenvoltura.

João Goulart poderia oferecer ao partido e ao candidato o apoio que quisesse, mas estava dispensado de cumprir a promessa, porque as alterações que se projetariam no mapa eleitoral seriam de tal ordem que a recomposição de forças se tornaria inevitável. Na base que deu à sua candidatura, com cinco anos de antecedência – isto é, a sobrevivência da aliança PSD-PTB – Juscelino Kubitschek não teria a segurança da vitória, nem condições para sustentar apenas com sua personalidade despachada uma campanha que sustentasse o debate em nível acima de seus recursos. As esquerdas já haviam desistido de assistir à abertura de Juscelino Kubitschek na direção das reformas. A velocidade em que se sucediam os acontecimentos dava aos grupos nacionalistas e de esquerda a embriaguez de sentidos: tinham como certo que as condições acabassem por favorecer o aparecimento de uma candidatura com autonomia em relação às forças tradicionais.

O PSD não acreditava nisso e, sobretudo, desejava que os fatos não se configurassem assim. Mas, como impedir esse rumo que, a cada dia, se tornava mais inevitável? O grande drama pessedista era ter um candidato que ainda dispusesse do melhor potencial de votos no país e não tivesse mais opção, pois de um lado Carlos Lacerda já tomara a frente na caracterização de uma linha política e, do outro, o partido não teve fôlego para percorrer o mapa das reformas de base. Por isso o PSD torturava-se com o sentimento da derrota e deixava-se abater pela ordem de hipóteses que negavam a garantia de haver eleições.

Teria Juscelino Kubitschek condições para desempenhar um lance de coragem como o fizera em 1955? As condições eram diferentes, mas a única saída que lhe ficara aberta era jogar-se nas causas das reformas, procurando estabelecer, entre a necessidade de adotá-las e o governo, que lhe ofereceu os vínculos capazes de situá-lo bem perante a população eleitoral, com novas exigências.

A relação de causa e efeito entre as reformas pretendidas por Goulart e o desenvolvimento impulsionado por

Kubitschek estava para ser definida e explorada eleitoralmente. Chegando-se às teses das reformas e incorporando--as à sua campanha, Kubitschek assumiria a coautoria da crise, mas levava-lhe um endosso poderoso. Não teria outra oportunidade de tentar manter a aliança eleitoral PSD-PTB, exceto enfrentando dentro do seu partido a crise latente que lhe consumia as reservas e preparava a derrota. O risco de dividir o PSD era o mesmo que corria Carlos Lacerda, pois dentro da UDN havia duas tendências em choque e, possivelmente, os homens e setores udenistas que sustentavam Magalhães Pinto seriam atraídos para uma composição fora do partido. Lacerda, no entanto, não perdia tempo.

Se Kubitschek fosse despertado a tempo para as modificações assinaladas na política brasileira, poderia rever seu esquema tático e sair da inação para o único caminho que lhe restava: as reformas. Teve condições de sobra para arrastar a maior parte do PSD e ganhar a confiança, primeiro, do PTB e, depois, dos outros setores de opinião expostos ao debate cada vez mais carente de definições.

Sem a presença de Kubitschek na área das reformas, a necessidade de um candidato nacionalista e de esquerda se tornaria imperiosa desde logo. Ao entrar em cena passaria a ser, necessariamente, a força que ia opor Carlos Lacerda e passar JK para trás, irremediavelmente.

CONGRESSO: A PERDA DOS REFLEXOS
15 de março

Cada vez mais se podia considerar inevitável o choque definitivo entre o Congresso e Goulart, pois os representantes do povo davam provas suficientes de que aceitariam viver a maior parte das apreensões já definitivamente instaladas numa parte da classe média e nos setores sociais mais bem situados. Aí esbarrava a ação política de João Goulart, que trocou as comodidades de uma política de negociações por um jogo de centralização das reformas nas mãos do governo.

Goulart não foi o primeiro a sofrer os efeitos da esterilidade legislativa. Seu antecessor, Jânio Quadros, precedeu-o na experiência: recusou-se a subordinar os cinco anos de mandato, avalizados por seis milhões de votos, à aquiescência do Congresso. Jânio tentou governar sozinho, pois estava em minoria na Câmara e no Senado, e acabou sucumbindo ao peso das dificuldades que o apavoraram ao fim de sete meses.

A década de sessenta trouxe o Congresso para um foco de luz em que os representantes do povo brasileiro não mais podiam tirar proveito do tipo de atuação que desde a reconstitucionalização de 1946 lhes garantia força e prestígio na opinião pública. O Congresso era o árbitro das crises políticas. Em agosto de 1954[34] e novembro de 1955[35], os fatos transportaram-se para os recintos legislativos federais e as lideranças políticas deram-lhes formas de encaminhamento e soluções. O sentimento generalizado era de que a democracia brasileira estava definitivamente implantada desde o 11 de novembro de 1955, quando dois presidentes da República foram passados para trás em nome do acatamento da vontade popular apurada nas urnas.

A outra meia década dos anos de 1950 foi um período de convivência íntima entre Legislativo e Executivo: Kubitschek obteve do Congresso todo o apoio político para administrar em paz, deixando inclusive à oposição uma área de manobras, para exercícios oratórios e alento político. A etapa da renúncia trouxe inesperadamente o Congresso para o centro dos acontecimentos, mas em circunstâncias inteiramente novas.

Na oportunidade da desforra que a renúncia trouxe do céu para o recinto da Câmara tomada de surpresa, ninguém pensou em solução política. Não há memória de nenhuma voz que tenha ponderado a conveniência de negociação entre o presidente da República, que não se cansava de proclamar a impossibilidade de tratar com "esse Congresso que aí

---

34 Acirramento da crise política que culminou com o suicídio do Presidente Getúlio Vargas, em 24 de agosto de 1954.
35 Ocorreu um movimento militar liderado pelo ministro da Guerra, general Henrique Lott, contra o presidente da República Carlos Luz, para garantir a posse dos candidatos eleitos para presidência e vice-presidência da República, Juscelino Kubistchek e João Goulart, na chapa PSD/PTB. Ficou conhecido como *movimento 11 de novembro*.

está", e os representantes do povo aos quais Jânio Quadros tinha fechado as portas do poder palpável.

Não prevaleceu o chamado estilo brasileiro, sempre presente nas horas críticas. O Congresso, ao invés de ser eminentemente político, numa situação sem precedentes, foi inesperadamente decidido. Nem discutiu: acolheu o pedido de renúncia, para alívio geral das áreas de interesses e opinião que perdiam o sono com o governo Jânio Quadros, de uma riqueza faustosa de detalhes e uma pobreza comovedora de planos. O episódio que mostra o estado de espírito dominante é a cena em que José Maria Alkimim procurou o senador Moura Andrade, depois de informado dos fatos por alto. O pessedista mineiro perguntou ao pessedista paulista se era verdade que ele tinha no bolso um documento capaz de mudar o destino do País. Moura Andrade confirmou. Alkimim pediu para ver e, depois de correr os olhos pelo pedido de renúncia, sentenciou: "E o que está fazendo que não dá andamento?" Pouco depois o Congresso estava entregue à excitação motivada pela mobilização, e sentia palpitar outro momento de glória próxima.

Aquela era a oportunidade para a negociação entre os dois poderes, que estavam separados por seis milhões de votos — um temperamento arrogante elevado à presidência da República e um Congresso até ali desprezado nas equações políticas de Jânio Quadros. Os congressistas perceberam — e a constatação foi correta — que estariam fazendo o jogo de Jânio Quadros, se fossem discutir politicamente a renúncia. Ele, evidentemente, não queria outra coisa que não fosse o debate de suas dificuldades com o Congresso. Mas, o instinto de sobrevivência impôs a interpretação fulminante de que a renúncia é ato de vontade pessoal que não cabia discutir.

No curso da crise, que se reativou com o pedido dos três ministros militares ao Congresso, para barrar o acesso de João Goulart ao poder, faltou a mesma capacidade de decisão para repelir a intromissão. As lideranças manobraram para ganhar tempo, mas apenas salvaram a face na capitulação: o parlamentarismo apareceu como solução de compromisso. Mas, não fosse o aparecimento de Leonel Brizola, à frente do governo do Rio Grande do Sul e de uma mobilização popular fulminante, desdobrada em manifestação militar de franco desacato aos três ministros, era provável que mais uma vez a habilidade política dos homens que detinham há anos o comando político lhe tivessem restaurado o crédito popular. Mas o compromisso evidenciou a forma de conciliação que faltava: Brizola ganhou o primeiro plano nacional e o Congresso começou a entrar em ocaso.

Pela primeira vez a conciliação apresentava-se destituída de grandeza ao entendimento do homem da rua, com a atenção despertada pelos sete meses de Jânio Quadros para outros planos de interesse. O homem da rua começava a julgar-se com direito a discutir a política externa, estreando numa responsabilidade nova que lhe dava uma sensação de maturidade, para ver com maior independência os fatos nacionais.

No primeiro ano do governo João Goulart o conflito permaneceu latente, configurando-se no ensaio parlamentarista todas as dificuldades nas relações entre Governo e Congresso. A impossibilidade de funcionamento pleno do regime de gabinete era o resultado de premeditação e desinteresse, para enfraquecer a solução que os representantes do povo haviam encontrado para a crise de 1961: o plebiscito estava marcado para o fim do governo Goulart e era indispensável preparar-lhe o malogro, limitando seu prazo de vida ao próprio mandato de Goulart. Era a vitória da tese do impedimento.

Prevalecendo-se da situação política e moral, Goulart não perdeu tempo na reconquista do poder presidencialista. Avaliou o interesse de todos os aspirantes à sucessão presidencial, àquela época em maior número, e partiu para a campanha combinando formas variadas de pressão e submetendo o Congresso a uma prova de fogo. Reconquistado o poder nos termos que a opinião pública julgava legítimo, Goulart podia utilizar a experiência adquirida no curso da campanha presidencialista. Encampou a liderança das reformas de base, alterando as alianças que promovia ao primeiro plano para desembaraçar-se delas, quando as marcas perigosas começavam a se estampar na sua imagem presidencial.

No seu penúltimo ano de Governo, João Goulart estava definitivamente comprometido com as reformas de que se fez porta-voz e líder exclusivo. Não tinha mais tempo para se recompor através de entendimentos que deixassem no papel as reformas obtidas, mas inaplicadas. À proporção que se empenha mais a fundo em obtê-las, sente avolumar-se também a arregimentação política, como representação dos interesses que se opunham às reformas. E o Congresso, que em dois anos, um no parlamentarismo e outro no presidencialismo, não conseguiu confinar as soluções reformistas à sua área, tornou-se aos poucos o espaço onde os adversários do Governo e das reformas esperavam barrar o curso político delas.

O esforço maior desenvolvido pela oposição e pelos empenhados no combate às reformas estava sendo conduzido no sentido de ressaltar o presidente João Goulart como insincero na pregação reformista, monopolizada com aliados variáveis e de circunstância. A caracterização não passava, entretanto, das áreas que não precisavam de tanto para suspeitar de Jango. De modo geral, a opinião pública acreditava necessárias as reformas, de que todos os partidos já tinham sido apologistas, em gênero e grau variáveis, de acordo com as oportunidades e necessidades. E, de modo particular, Jango portava a aura de reformista, sincero ou não. Se havia contradição, era de Goulart e não do julgamento popular. Para o homem da rua, as reformas não eram possíveis porque o Congresso, deliberadamente, criava embaraços. A culpa pelo atraso na votação das reformas, localizada nos representantes do povo, era agravada por uma série de críticas de que o Congresso se tornou herdeiro, por efeito cumulativo. A falta de regulamentação ordinária para alguns artigos da Constituição de 1946, depois de 18 anos, como no caso do direito de greve que acabou se institucionalizando por conta própria, revela um problema que comprometeu o próprio Congresso. Além dos preconceitos políticos que pesavam sobre a atuação dos deputados e senadores, a aceleração dos problemas e a caracterização de uma crise brasileira pesaram na apreciação de ineficiência do Legislativo, ao fim e ao cabo de seu trabalho.

A crise prolongada excitava os ânimos ao julgamento eminentemente político. Na procura por responsáveis, diretos ou por omissão, a opinião pública encaminha-se naturalmente para descarregar suas críticas nos representantes do povo. Não sobre o Congresso, como instituição, mas sobre os homens a quem o povo delegou sua representação.

Aos poucos, trabalhando sobre esta imagem de inoperância legislativa e falta de iniciativa política do Congresso, João Goulart criou condições para desencadear, nas áreas sob sua influência, palavra de ordem pela convocação da Constituinte.

Na classe média e na população mais jovem do Brasil, ainda ingenuamente reformista, o primeiro ano do funcionamento do Congresso eleito em 1962 representou frustração já preocupante. A parte da opinião pública que se converteu às necessidades das reformas creditou aos congressistas da última fornada eleitoral as esperanças que não tinham sido possíveis com os representantes eleitos em 1958. Acreditou possível que os escolhidos do ano de debates de 1962, na crise que se prolongava desde a renúncia de Jânio Quadros, em 1961, compreenderiam a urgência de soluções que já se apresentavam inadiáveis no consenso geral.

A opinião reformista sentia-se frustrada com o resultado do primeiro ano de atuação do Congresso, onde não foi possível a renovação humana nem a qualificação política pedida pelo momento brasileiro. Estava assim aberta ao ceticismo e à tese da convocação da Constituinte, a ser eleita partindo de outros conceitos que configurassem uma reforma eleitoral.

Havia, de modo geral, o sentimento de que o Congresso não representava todo o povo brasileiro, excluindo os analfabetos e os jovens — os dois contingentes mais numerosos.

O imobilismo legislativo e a falta de sensibilidade política mostrados pelo Congresso, em sua composição à época — durante seu primeiro ano de funcionamento — ofereceu as condições ideais para uma campanha e as pressões em favor da convocação da Constituinte.

Não foi exclusivo do Congresso brasileiro o problema da imagem de inoperância, assinalada também no Congresso americano. Nos Estados Unidos o presidente Kennedy, com a bandeira reformista, enfrentou também um Congresso comprometido com a imagem conservadora, antirreformista e burocratizado. Kennedy seduziu também no Brasil com um perfil reformista. Estava na lembrança popular a crise francesa que levou De Gaulle ao poder, passando por cima do Parlamento no jogo de contradições. Com plebiscitos e audácia, De Gaulle estabelecera seu estilo presidencialista sob a forma parlamentarista, e firmou-se à frente da recuperação francesa.

Como defesa, dirigentes políticos e figuras do comando da Câmara e Senado apelaram para a estatística do trabalho legislativo, no encerramento do período de sessões do ano. O julgamento da opinião pública foi principalmente político. Como de hábito, deputados e senadores queixavam-se de insuficiência de notícias sobre a atividade parlamentar. A convocação extraordinária agravou mais ainda na opinião pública a sensação de vazio parlamentar relativo a 1963. As lideranças políticas não foram capazes sequer de assegurar a presença das bancadas em Brasília.

Foi com esta imagem e o peso específico de sua falta de iniciativa política em se adiantar às reformas que o Congresso iria inaugurar outro ano de vida.

GOULART: DA POSSE AO COMÍCIO
22 de março

Ia ser posta, mais uma vez, a questão da legalidade, e dela iriam se servir os debates políticos, na configuração mais próxima da crise brasileira. A mensagem presidencial ao Congresso foi uma definição política que o presidente João Goulart ofereceu ao País, que sentia acelerar-se a polarização da opinião pública em torno de temas eminentemente políticos. As reformas iriam ceder lugar ao tema central, que era pressentido desde a chegada de Goulart ao governo e que só então encontrou condições objetivas e subjetivas para o debate. As denúncias encaminhadas, periodicamente, pela oposição, desde setembro de 1961, apresentavam Goulart como estrategicamente em campanha para tentar a continuidade no exercício dos poderes presidenciais.

O pressentimento era correto, mas se valia de pretextos secundários para caracterizar uma intenção percebida apenas entre iniciados nos segredos políticos e na suspeita preconcebida. Goulart chegou ao miolo político passando ao largo. Caprichou no seu programa de passar a limpo aos olhos de todos o que Jânio Quadros não conseguiu com a renúncia, que congelou ações e reações populares.

Goulart preparou-se meticulosamente para provar a inviabilidade do exercício de um governo reformista, sob a Constituição de 1946. Teve o cuidado de não atacar pela frente a Constituição: preferiu contornar o objetivo e enfrentar o Congresso. O desafio reformista foi subestimado pelos representantes do povo. Nas poucas vezes em que tentaram aceitá-lo, Goulart encarregou-se de embaraçá-los nas suas contradições, como no caso do substitutivo Milton Campos[36] para a reforma agrária e na emenda Oliveira Brito para dar poderes constituintes ao Congresso eleito em 1962.

Manobrando com o PSD sedentário, Jango esvaziou as soluções que, para ele, representariam um atraso irrecuperável na manobra estratégica para chegar aonde estava firmemente montado no comando de uma revisão constitucional ampla e popular. Aos poucos, o adjetivo primário deixou de figurar nos julgamentos reservados a Goulart.

Em seguida, numa concessão que era menos generosidade do que capitulação, Goulart foi reconhecido como bom tático político. Em matéria de manobras curtas e negaças políticas, Jango conheceu também a consagração. Mas, argumentavam seus críticos, ele acabaria embaraçado nas suas idas e vindas.

O Congresso por inteiro, a oposição toda, o PSD, as classes conservadoras, todos se puseram de acordo em que

---

36 A convite do presidente Jânio Quadros, o senador Milton Campos (UDN/MG) coordenou um grupo de trabalho responsável por discutir e estabelecer bases de relações agrárias no campo com o objetivo de criar o "Estatuto da Terra". O resultado foi a elaboração do anteprojeto de reforma agrária intitulado Projeto Nº 93-A, de 1963.

Goulart não queria reformar nada. Mais dia, menos dia — e enquanto isso o tempo passava e a eleição se aproximava — o povo começaria a entender que ele apenas brincava de reformista. Estaria então definitivamente liquidado. Todos jogavam com esse dado: a insinceridade de Goulart em relação às reformas. Por isso, o Congresso julgou-se isento de responsabilidade para enfrentar o problema das reformas de base. A oposição e o pensamento conservador não se animaram a empurrar as reformas para Goulart, ficando com as glórias políticas do efeito reformista na opinião pública e passando ao Presidente da República a parte menos rendosa, a sua aplicação, esta sim, muito mais cheia de dificuldades do que a forma legal a ser dada à alteração das estruturas.

A certa altura, estabeleceu-se como definitivo o julgamento de que não valia a pena correr o risco de entregar as reformas a Goulart. Partindo da constatação de que as aspirações reformistas têm grande lastro popular, o melhor seria ganhar tempo para manter intacto o tema, até a campanha eleitoral. À medida que a situação se tornava difícil, a solução que pareceu mais realista às forças políticas brasileiras, às cúpulas desvitalizadas pela falta de renovação, foi a antecipação do quadro eleitoral de 1965 para o curso daquele ano.

Não era preciso tanto para despertar a atenção de Goulart, que agia dentro de uma linha estratégica irreversível. Conseguiu caracterizar nos seus dois anos de governo que o Congresso não era de nada, em matéria de reformas. Diante dos preparativos da UDN e PSD, para a antecipação da luta eleitoral de 1965, Goulart sentiu chegado o momento de começar a colheita. Até uma boa parte da esquerda mostrava-se também convencida de que ele não queria saber de reformas, além de sua utilização em comícios.

Depois do comício do dia 13, Goulart ficou também consagrado como estrategista de fôlego e paciência. Podia apresentar com segurança a proposta de revisão geral da Constituição, mediante apelo caloroso aos congressistas, depois da caracterização de uma impossibilidade fundamental proclamada um pouco antes por Leonel Brizola (para quem apenas a revolução seria capaz de oferecer as saídas adequadas). Goulart valeu-se pacientemente das desconfianças conservadoras, das suspeitas da oposição e de todos os que fizeram pouco de sua capacidade política, mediante uma sequência de atitudes táticas, de efeito apenas imediato. Enquanto todos o julgavam apenas pelo seu jogo miúdo, Goulart também ganhava tempo.

Então não havia mais dúvida de que todo o seu comportamento fazia sentido. A constatação teve efeito fulminante sobre os adversários de Jango, apanhados de surpresa pela desapropriação de terras limitadas ao decreto da Supra e, principalmente pela encampação das refinarias particulares, primeiro passo de uma progressão nacionalista que teve terreno amplo para manobras espetaculares.

Jango ia decidir com seus adversários a luta, mas em outros termos que não estavam determinados senão por ele. Levava a vantagem da iniciativa que tomou e da série de medidas com que apagaria a imagem cunhada contra ele, no perfil de indecisão e de insinceridade reformista. As reformas, em sua impossibilidade de negociação política, evidente nesses dois anos, ganham o leito de uma discussão política muito mais apaixonante: a reforma da própria Constituição, que Jango conseguiu caracterizar como incapaz de atender à emergência brasileira. A seu favor teve o peso de grandes massas de manobra, orientadas por lideranças sindicais e políticas empenhadas em tirar todo proveito do momento nacional.

Também pesou o sentimento de segurança que se tornou evidente em João Goulart. Desde antes do comício já vinha sendo testemunhado o autodomínio que Jango demonstrava nas conversações políticas e nos atos públicos. Seus discursos de improviso, desprezando os textos que levava no bolso, assinalavam uma alteração fundamental na personalidade do Presidente. No comício, Jango sentiu o poder que estava à sua disposição, na concentração popular afinada com as teses e soluções que ia propondo.

Entrou firme no comício, precedido dos dois decretos, porque seguro da cobertura militar com que contava não apenas para as reformas clássicas, mas também para propor o debate da reforma constitucional. Saiu dali visivelmente integrado no conjunto de motivações nacionalistas e reformistas que garantiam lastro popular à empreitada a que se lançou definitiva e, já agora, irreversivelmente.

UM CANDIDATO ESTÁ NAS RUAS
29 de março

Um alento vigoroso recolocou de pé Juscelino Kubitschek, na definição de confiança dos brasileiros – que excedeu os limites da Convenção do PSD e propagou-se prontamente a um público indiscriminadamente eleitoral. Situando-se num espaço político e num tempo histórico mais próximo do Brasil, Kubitschek arrancou no discurso do candidato um compromisso reformista que o repôs em circunstâncias de aparências idênticas às por ele vencidas no equacionamento da sucessão presidencial de 1955. Em 1964, Kubitschek comunicou-se até com os seus adversários políticos, transmitindo-lhes confiança legalista.

Em 1954 e depois, Juscelino Kubitschek viu-se obrigado a antecipar-se aos fatos, para implantar a candidatura pessedista. A sucessão de 1955 foi deflagrada por ele ainda em 1954, logo depois das eleições parlamentares de outubro, quando PSD e PTB se beneficiaram da impopularidade que recaiu sobre os candidatos udenistas, por culpa da oposição e em decorrência da morte de Vargas. Dois meses depois dos acontecimentos de agosto, aos primeiros sintomas de um quadro político que se prenunciava agravado pelo resultado das urnas, Kubitschek adiantou-se à hora eleitoral. A UDN estava no governo, sem que sua ascensão ao poder resultasse da vontade popular aferida nas urnas. A insegurança do resultado eleitoral deflagrou impulsos contraditórios, nela e nas forças que compunham o Governo.

Eleito juntamente com Vargas na sucessão de 1950, Café Filho[37] foi alçado ao poder para completar, com a confiança da oposição afinal triunfante sobre seu adversário mais antigo e mais forte, ano e meio de mandato presidencial. Tornou-se evidente desde cedo que o governo Café Filho sofreria as consequências diretas das condições em que se compusera.

Em primeiro lugar, seu tempo era escasso para uma ação administrativa e política de curso médio. Quatro meses de 1954, o ano inteiro de 1955 e, para agravar, duas eleições: a renovação do Congresso em outubro de 1954 e a sucessão presidencial no ano seguinte. As forças que compunham a oposição estreavam no poder sem dispor de tempo nem de decisões amadurecidas que as livrassem das ambivalências políticas, de efeitos fatais.

Era impraticável inclinar-se o governo Café Filho para a via de afirmação administrativa com um balizamento eminentemente político e as preocupações que dominavam a oposição instalada no poder. Havia ainda ressentimento nas ruas, esperando os homens comprometidos na sequência que culminou com a morte de Vargas.

Brotou e frutificou, ao lado e dentro do governo Café Filho, o impulso para tentar a alteração dos termos em que estava programada a vida política brasileira. O adiantamento da sucessão apareceu como a melhor forma de impedir

---

37 Foi eleito vice-presidente em 1950 na chapa PTB/PSP.

um debate que reacenderia as paixões populares e o nacionalismo com o sentimento de derrota, condicionando a crise a que chegaríamos, fatalmente, anos depois.

Mas como propor claramente ou encaminhar objetivamente a solução que perturbava as cabeças? O governo Café Filho tinha a participação de representastes do PSD, mas era apenas esboço de um compromisso tácito para dar equilíbrio ao vácuo aberto no dia 24 de agosto. Fazia-se necessário um impossível pacto político entre os dois partidos, UDN e PSD, para encaminhar a solução que não ousava dizer publicamente seu segredo de polichinelo. Naquele tempo as divergências entre pessedistas e udenistas estavam longe da configuração comum de interesses que apresentavam depois. A ideia poderia ser tratada, e efetivamente o teria sido, se Juscelino Kubitschek não se tivesse antecipado, em fins de outubro de 1954, ao compromisso conservador que não passou da cogitação restrita a poucos.

Kubitschek rasgou o segredo ao anunciar em Araxá disposição de pleitear ao PSD a indicação de seu nome para a sucessão presidencial. Falou e agiu rápido: em Belo Horizonte repetiu a disposição eleitoral, voou para o Rio e lançou-se. Não poderiam mais ser articuladas em paz as fórmulas de uma conciliação centrista, visando a poupar uma nova crise política: o compromisso traduzir-se-ia em adiamento das eleições. Não havia clima na opinião pública, e mesmo na área eleitoral em que se sustentava a oposição elevada ao poder, para o trânsito de teses que representavam distorção da ideia de legalidade concebida e aceita em termos de preservação das regras do jogo político. A antecipação de Kubitschek, por conta própria e sem o condicionamento prévio no PSD, ofereceu a oportunidade para que as forças governantes vencessem a perplexidade e se encaminhassem ostensivamente para a coordenação de outra fórmula, a do candidato único que acabou sendo, mais adiante, o esboço de uma candidatura pessedista, desde que, porém, não fosse Juscelino Kubitscheck.

De outubro a dezembro de 1954, JK intensificou sua atividade dentro do PSD, onde era perceptível alguma disposição para a tese do candidato único, que representaria o compromisso político. Chegou à convenção em fevereiro de 1955, depois de uma pregação em que revolveu as bases estaduais pessedistas, sobrevoando o Brasil inteiro. E realmente conseguiu vitalizar o PSD, despertando-o para a campanha nos termos em que iria impor sua imagem dinâmica ao partido e marcar sua atuante passagem pela presidência da República.

Sagrou-se candidato num clima de luta interna, estimulada por forças externas que atuaram dentro da Convenção pessedista: Rio Grande do Sul, Santa Catarina e Pernambuco, três bases importantes do pessedismo, dissentiram no encaminhamento e na Convenção, e depois se recolheram no curso da campanha a uma posição suspeita. A decisão de Kubitschek frustrou a manobra para desarticular sua candidatura e retardou de modo fatal a coordenação política da UDN e forças instaladas no poder.

A candidatura Juarez Távora representou apenas uma parcela dessas forças, e seu encaminhamento ficou embaraçado pelas dificuldades de superar as contradições abrigadas no governo Café Filho.

Não se encerravam porém entre as cúpulas políticas tradicionais as dificuldades de Kubitschek. Na área popular erguia-se contra ele a indecisão do PTB, traumatizado desde a morte de Vargas e carente de comando firme.

Enquanto JK lutava para impor sua candidatura ao PSD, os comunistas articulavam com grupos e figuras do nacionalismo ativo a candidatura Estilac Leal, para forçar uma variante popular. A morte do general Estilac frustrou as possibilidades que se cingiam a ele. O curso dos fatos acabou catalizando o PTB, as organizações sindicais e os comunistas para o apoio a Kubitschek. Pelo meio do ano de tensão contínua, a campanha de Kubitschek começou a ganhar a configuração popular que tais alianças lhe valeram. Daí por diante a crise conduziu-se em termos eleitorais, mas os indícios autorizavam prever o desfecho violento.

O episódio da Carta Brandi[38], estourando em cima das eleições, e a margem escassa de votos que assinalaram a vitória de Juscelino Kubitschek, reacenderam a insegurança e encaminharam a discussão em torno da validade das eleições. Foram ressuscitadas as teses da maioria absoluta e todas as dúvidas cultivadas desde a sucessão presidencial de 1950. O desfecho político veio na sequência de agravamentos que levaram ao 11 de novembro e o resto. Somente a solução de força foi capaz de aliviar a crise brasileira. Kubitschek então chegou ao governo.

ANTILACERDISMO DISPUTADO

Para voltar ao Governo, quase dez anos depois, Juscelino Kubitschek experimentou uma situação com a mesma apa-

---

[38] Em 07 de agosto de 1953, Carlos Lacerda publicou na *Tribuna da Imprensa* uma carta dirigida a Goulart, naquela época ministro do Trabalho. O documento, cujo suposto autor era o deputado argentino Antônio Jesús Brandi, relatava entendimentos secretos que Goulart teria mantido com o governo argentino, no sentido da implantação no Brasil de uma república sindicalista, além da existência de contrabando de armas argentinas para o País. Na ocasião foi aberto um inquérito policial-militar (IPM) em que se comprovou que a carta era falsa.

rência, embora de conteúdo bastante modificado. Em seu discurso perante a convenção pessedista, Kubitschek apresentou-se na mesma linha de atuação que o levou à vitória em 1955, colocando-se na posição de adversário exclusivo de Carlos Lacerda, mas Kubitschek não referiu o nome de seu adversário.

Com a declaração ampla a favor de todas as reformas — a agrária admitida por via da emenda constitucional – Kubitschek salta em cena propondo ser o avalista das reformas de Goulart, com o objetivo de recuperar o tempo perdido e apagar a tônica que começava a predominar na pregação das esquerdas atreladas aos objetivos presidenciais. Dando trânsito às teses reformistas no PSD, Kubitschek reabre o campo de entendimento entre seu partido e o presidente da República, num esforço supremo para recompor a base política que o levou a vitória nas urnas de 1955.

Àquela altura dos acontecimentos, Jango já ia bem mais longe, alcançando os limites de uma campanha que localizava na revisão constitucional a saída de todos os impasses políticos à época. Exatamente uma semana depois de Goulart ter caracterizado esse propósito, na última fronteira da legalidade, é que Kubitschek se apresentou decisivamente em cena, oferecendo-lhe o espaço para o entendimento que os aliados da tática presidencial consideravam recuo político. Recuo, na opinião deles, era desastre de proporções incalculáveis em termos históricos.

Detendo-se em sua marcha de flanco, cujo alvo era o conceito formal de legalidade, Goulart pode, entretanto, obter então tudo que lhe parecia impossível antes de se dispor à abertura popular que se caracterizou no comício do dia 13. Foi essa impossibilidade a razão definitiva da confluência de seus interesses táticos com os da esquerda. Mas, voltando atrás, caíra dentro do cálculo que estava por trás de toda a concepção eleitoral de Kubitschek. O candidato do PSD deu à sua posição o sentido de exaltação à legalidade constitucional, cuidadosamente orientada contra a candidatura de Carlos Lacerda. Seu adversário foi apresentado como a reencarnação eleitoral dos mesmos interesses e propósitos reacionários que se opuseram ao seu direito de ser candidato em 1955 e, depois da vitória, à sua posse.

Ao desenterrar o passado político em que João Goulart esteve a seu lado, beneficiando-se da asa protetora do PSD para ascender ao posto de vice-presidente, ganhar trânsito político e confirmar sua liderança em relação ao PTB, Juscelino Kubitschek estava se infiltrando na frente de batalha onde o governo concentrava todas as suas forças.

Com os dois dados — a definição reformista e a capitalização do antilacerdismo – Kubitschek sentiu-se credenciado a negociar eleitoralmente com o presidente da República. Ofereceu soluções que, acreditava, obrigariam Jango a meditar, antes de se comprometer a alcançar o ponto de onde não poderia mais voltar. Se aceitasse as premissas da conversa proposta pelo candidato que lhe oferecera espaço de entendimento, Goulart passaria a dispor de uma via de retirada, com a cobertura do PSD, para consolidar as posições em que se aguentara dois anos.

O cuidado tático com que Kubitschek situou o problema da legalidade, desviando de Goulart para as forças que se opuseram aos dois em 1955 a demonstração de confiança na solução democrática para a crise brasileira, deixou de ter significação: Jango estava perfeitamente seguro de que Kubitschek não poderia competir com Carlos Lacerda numa campanha por conta própria. Estava convencido de que nenhum dos dois estava disposto a abrir mão de suas possibilidades para uma composição política que, incorporando numa candidatura militar os anseios legalistas da UDN e do PSD, criaria um fato inesperado nos cálculos presidenciais.

Em seu discurso de candidato, Kubitschek passou evidentemente uma mensagem a Goulart, na qual era visível o oferecimento da disposição pessedista em compor todo o cenário reformista para Jango recuar da posição, adiantada demais em relação ao que poderia desejar com realismo. Se o presidente Goulart obstinasse na ofensiva, com desprezo pela configuração legalista que era indispensável – e já se apresentavam contornos extralegais em seu horizonte – ele, Kubitschek, restaria como encarnação eleitoral do espirito legalista que já prevalecera por duas vezes. A parte cifrada da mensagem era indireta: mais alguns passos na direção em que iam, deixariam João Goulart vulnerável a interpretações.

As contradições que se configuraram no governo Café Filho, dominado pela ambivalência de impulsos, em que um grupo admitia francamente a ideia de invalidar as regras do jogo político para forçar outra saída eleitoral, começavam a se repetir com João Goulart. A semelhança é na forma e não no fundo, mas as aparências estabelecem uma identidade entre situações de 1955 e 1964. A caracterização de propósitos semelhantes aos de 1955 poderia ocorrer repentinamente na opinião pública e estender-se a outros setores, por força da excitação política generalizada e dos temores despertados pela aceleração política com a qual o governo rompe um impasse de dois anos.

Kubitschek não adverte Goulart, mas dá-lhe um curso de raciocínio capaz de motivar no presidente da República a reflexão e a decisão final. No momento em que conseguiu empolgar o PSD, com o discurso que esvaziava os receios pessedistas em relação às reformas, unindo-se a elas e suplementando-as com a tônica do legalismo formalista de sua primeira campanha, de seu governo e de sua segunda candidatura, Kubitschek sensibilizou também áreas não pessedistas e setores importantes da vida nacional. JK lançou a ponte da legalidade para Goulart retroceder à causa comum cujas raízes se situavam em 1955. Para cobrir-lhe a retirada, o candidato do PSD atacou o adversário histórico de ambos há dez anos, adiantando-se na posição de anti-Lacerda, na qual Goulart se empenhava também em outros termos.

Para Jango, oposição e Lacerda, Congresso e classes produtoras, capital estrangeiro e latifúndio configuravam interesses não nacionais que se somavam para compor uma tendência reacionária, uma linha direitista e o bloqueio das reformas. À reação, configurada em termos de candidatura Carlos Lacerda, Goulart passa a opor a reforma que não se contenta mais em introduzir alterações na estrutura econômica e nas relações entre as classes sociais, mas exige uma revisão constitucional que, uma vez admitida na discussão, conduzia fatalmente todos os impasses para a tese da Constituinte, que por sua vez incorporaria os analfabetos à população eleitoral brasileira.

O sentido oculto de anti-lacerdismo suscitado por Kubitschek, no seu discurso oficial, encerrava a tônica de preocupação com a legalidade, dando a entender claramente que, na hora eleitoral que se aproximava, a luta seria entre os dois candidatos. Se Lacerda era o candidato do outro lado, Kubitschek reivindicava para a sua candidatura a posição de combate, já que as regras do jogo político impediam a reeleição do presidente.

Esta foi a chave para a interpretação objetiva do sentido de legalidade com que Kubitschek marcou seu discurso:

não teria sentido o presidente da República, que não pode ser candidato, liderar uma luta necessariamente eleitoral contra o candidato da oposição.

REFORMAS, LEGALIDADE, DESENVOLVIMENTO

Depois de ter cumprido um roteiro de esvaziamento político, que não correspondia às tendências aferidas nos inquéritos de opinião pública, Juscelino Kubitschek reapareceu na sua melhor postura eleitoral, com a liberdade de movimentos que a encampação pessedista das reformas lhe facilitava.

Kubitschek tirou o máximo proveito do lançamento de sua candidatura, saindo de uma inatividade que começava a pesar sobre ele e a comprometer suas possibilidades. Falou aos pessedistas e, por cima deles, às áreas sociais que flutuam entre apreensões e aspirações indefinidas. A confiança que JK demonstrava no Brasil tinha um fundo de inspiração nacionalista deslocada para a aspiração de melhoria de nível de vida, tema do crescente agrado particular da classe média.

A comunicabilidade conseguida por ele no seu discurso de candidato revelou as possibilidades de reerguer as esperanças da classe média na solução que entrelaçou, com oportunidade política, a necessidade das reformas, a validade da Constituição e a urgência de retomar o desenvolvimento para romper impasses. Reformas, legalidade e desenvolvimento davam à popularidade de Kubitschek base de atualidade para as eleições. A confiança do candidato nele mesmo, no partido e no Brasil, tocou os eleitores que se recusavam a aceitar as soluções radicais propostas por cima ou por baixo das regras consolidadas na sequência de eleições e crises políticas, vencidas desde 1945.

Kubitschek representava de maneira muito particular a classe média, no que respeita às aspirações de participação nos frutos do progresso, embora fosse a classe média também que alimentasse resistências de fundo moralista a seu estilo de governo. As classes sociais mais altas não perdoavam a Kubitschek a aceleração do progresso e o aguçamento das contradições caracterizadas pela industrialização. Acusava-se Juscelino Kubitschek de ter acentuado, pela urgência de seu programa, os desníveis realçados pela marcha lenta da transformação industrial do País. Esqueceram-se de que foi exatamente a abertura de perspectivas de participação no progresso, beneficiando uma parte da classe média, daí por diante mais confiante nas suas possibilidades, cliente da indústria automobilística e a caminho de entrar ativamente nos empreendimentos, o fator capaz de encaminhar as tensões sociais para o seu equacionamento em termos de progresso e legalidade.

Sem o sentido otimista e realizador que Kubitschek deu a seu governo, as classes médias ter-se-iam convertido à pregação do nacionalismo político e do radicalismo, que elas se recusam a aceitar nos termos dogmáticos em que as esquerdas situam os problemas. De certa forma, o sentimento de euforia nacional, despertado de 1956 a 1960, frustrou a pregação nacionalista, exercida numa tônica eminentemente política e sem o toque humano de converter o sentimento contra o capital estrangeiro em reivindicação de melhoria de vida. Com Juscelino Kubitschek, o nacionalismo transformou-se no sentimento de orgulho nacional. O pessimismo tradicional cedeu lugar à confiança que representou papel importante do ponto de vista social. Interessou a classe média no progresso industrial e implantou-lhe o sentimento de legalidade constitucional, passando também ao operariado beneficiário do desenvolvimento - a aspiração de ascensão social traduzida em salário, educação e melhor nível de vida. Consciente e inconscientemente, as esquerdas tenderam a recusar a solução eleitoral que as encaminhasse para essa visão. Perceberam instintivamente que Juscelino Kubitschek era capaz de aproveitar, com outro sentido político, o encaminhamento que elas propunham para as necessidades e reformas.

NECESSIDADES DE JK E POSSIBILIDADES DE JANGO

Quanto a Goulart, era muito pouco provável que ele se inclinasse à solução tática que Kubitschek lhe levava um pouco tarde. Jango sabia ser impossível voltar à imagem que ficou definitivamente superada no comício do dia 13.

Não foi sem razão que as esquerdas advertiram para dois riscos a que se exporia o presidente, na hipótese de recuo da linha de ação programada para valer: poderia perder o apoio popular e enfraquecer-se para as reformas, ou encorajar os conservadores a tentarem a sorte num bloqueio definitivo do governo. A primeira levaria fatalmente à segunda. E possivelmente a uma terceira. No terreno conquistado depois do dia 13, Jango poderia exercitar sua flexibilidade política dentro das peculiaridades que compunham seu temperamento.

Da parte de Goulart, o raciocínio teve de dar consequência à decisão que tomara. Se não fosse possível conduzir os debates políticos para a ideia da Constituinte e das consultas populares que programara, ele haveria de perceber a hora de voltar ao caminho das urnas. Nessa altura, reexaminaria o problema de acordo com as possibilidades que lhe restavam, mas seria difícil que o fizesse naquele momento, sacrificando uma ofensiva com potencial de força independentemente dele e rumo alheio à sua vontade.

Não havia alteração de alívio à vista no quadro político: Kubitschek comportava-se de acordo com as suas necessidades, levando o PSD às teses reformistas, enquanto Goulart se pautava pelas possibilidades que passou a encarnar. O destino dos dois já não dependia mais dos desejos deles, mas de acontecimentos que pareciam escapar à compreensão de todos.

Mais tarde seria possível, talvez, localizar exatamente onde se situaram os erros e acertos, porque a velocidade dos fatos ultrapassava a percepção condicionada numa experiência política que parecia definitivamente encerrada.

1964 parecia distante de 1954 quase meio século. Mas não teria sido esse exatamente o propósito declarado do governo de JK?

DEPOIS

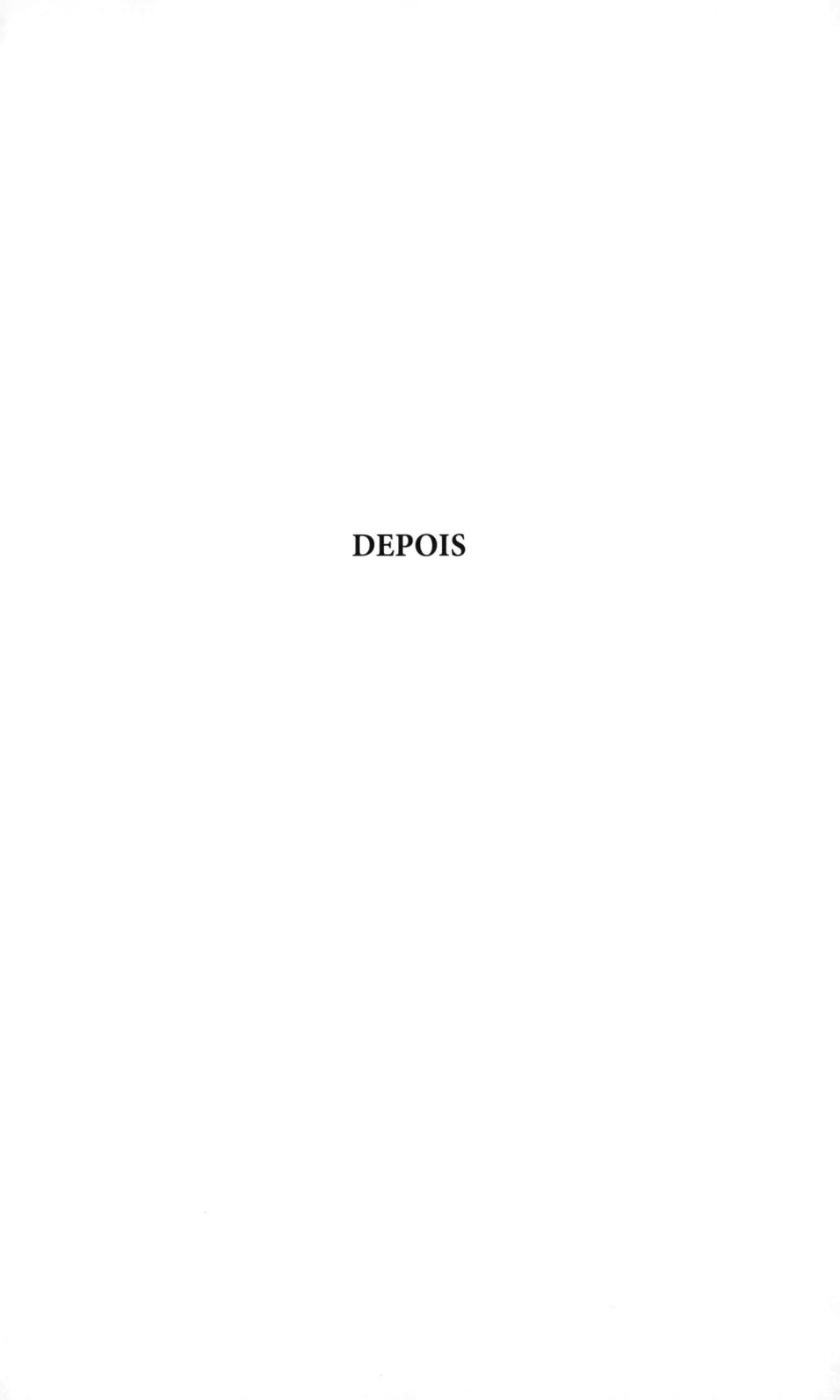

A NATUREZA POLÍTICA DO MOVIMENTO MILITAR
12 de abril

Antes da consolidação política, o movimento vitorioso pelas armas não dará oportunidade à determinação de seu caráter real, nem mesmo por força da velocidade dos fatos que lhe imprimiram aparências transitórias. Os elementos mais válidos ainda se apresentam inseparáveis das circunstâncias, que podem ser consideradas inevitáveis como desdobramento normal de qualquer solução de força. O impulso do movimento militar projetou-se além da expectativa e mostrou fôlego para outros lances depois da derrubada do governo.

De qualquer modo, na pesquisa das caracterizações, coloca-se em evidência a preocupação de não liquidar as instituições democráticas e de transferir para o Congresso o encaminhamento das soluções políticas e a legalização do movimento armado. Sem esse cuidado, as dificuldades que já se apresentavam aos comandos militares e da liderança civil revolucionária estariam superadas, na sequência natural dos fatos.

O Congresso percebeu as dificuldades e não teve meios de absorver instantaneamente os problemas, oferecendo-lhes soluções imediatas com o mesmo sentido de emergência do movimento armado. Mas nem por isso os comandos políticos e militares do movimento se impacientaram. Procuraram superar as dificuldades com o impulso revolucionário e fixando as responsabilidades das correntes de representação política no curso dos acontecimentos posteriores. Esboçou-se então uma recomposição de forças interessadas em explorar as contradições manifestadas no saldo dos vitoriosos.

O fator determinante da ação revolucionária — denominador comum dos militares e governadores que assumiram os riscos da rebelião — foi a certeza da existência real do perigo comunista e da suposta conivência do governo Goulart com o programa subversivo, para deflagrar a ação imediata de massas sindicais. No momento em que sentiram caracterizado o que suspeitavam, no comício do dia 13 de março, entraram em alerta, de conformidade com o planejamento da ação revolucionária. A evolução dos acontecimentos na linha da previsão confirmou-se na demonstração política dos marinheiros e na homenagem especial de um grupo de sargentos ao ex-presidente da República.

O comportamento do presidente João Goulart, do dia 13 em diante, mostrava determinação que era nova e, por isso mesmo, confirmou as suspeitas de que ele se convertera irreversivelmente à esquerdização do Brasil e passara a confiar realmente nos seus dispositivos sindical e militar.

A liderança civil e os comandos militares, articulados pela certeza de que Goulart e as esquerdas preparavam a surpresa definitiva para breve, no dia do comício, entenderam que chegara a hora da decisão. As cenas transmitidas do palanque no dia 13, pela televisão, tiveram efeito fulminante na opinião pública, até aquela altura indefesa e sem iniciativa. Rio, São Paulo, Belo Horizonte e Brasília — centros onde a classe média é vasta e estava assustada — ficaram estarrecidas com o controle do comício por parte do CGT. As cenas em que Darcy Ribeiro e Osvaldo Pacheco se aproximavam de Goulart, para soprar-lhe temas, deram a certeza de que Jango era uma peça numa engrenagem muito maior do que ele. Na hora em que Goulart anunciou para breve o decreto sobre aluguéis, Osvaldo Pacheco disse-lhe ao ouvido e todos o viram e ouviram dizer — "convoque o povo para fiscalizar". E efetivamente Jango convocou o povo para a fiscalização dos aluguéis. Não houve quem não anotasse a cena.

A partir daí Goulart perdeu em definitivo a possibilidade de recuperar-se, eventualmente, com a classe média dos grandes centros, dominadas por um sentimento de insegurança que se caracterizou na pronta mobilização da Marcha para a Família em São Paulo, seguida de outras demonstrações em Santos e cidades do interior. As fotografias dessas demonstrações que mobilizaram a classe média passaram despercebidas à esquerda, já engajadas num erro irrecuperável de avaliação de forças sociais. Elas continham o fundamento de opinião pública, que daí a quinze dias daria lastro definitivo à deposição de Goulart. A marcha realizada no Rio, no dia seguinte à deposição de Goulart, representou a descompressão de um milhão de prisioneiros de um sentimento generalizado de insegurança política e social.

Foi a presença atuante dessa opinião pública que determinou, no movimento de deposição do governo, o sentido de uma revolução na ordem dos fatos, colocando como necessidade as medidas de consequência reclamadas pela mesma insegurança coletiva. Ajustaram-se perfeitamente as necessidades militares no terreno político e os sentimentos da classe média, mais numerosa e mais forte do que a calculavam os planejadores da ação política de Goulart.

Explica-se assim, em parte, por que o movimento não ficou contido num golpe contra o governo Goulart e adquiriu prontamente sentido dito revolucionário que não estava previsto, mas tido com indispensável. Enquanto a solução militar de 11 de novembro de 1955 passou à História como um golpe de Estado, com apoio popular, para garantir o resultado das urnas, a deposição do governo em 1964 impôs aos seus realizadores, e à opinião pública que lhes deu lastro, a consolidação pelo triunfo e a extinção dos focos residuais de resistência.

A certeza da iminência de uma conjugação de forças esquerdistas, engajando o governo Goulart no programa posto em execução no comício do dia 13, deflagrou a ação militar. O mesmo sentimento anticomunista predominou na segunda fase, já em execução, com o apoio da classe média e nenhuma contestação social. A normalidade do trabalho em todo o País mostra claramente que o apoio das massas trabalhadoras era um dado subjetivo no programa das esquerdas, pois não se registrou qualquer protesto político, nem qualquer sintoma contra o rumo dos acontecimentos.

Prevaleceram duas características de ordem geral que se estabeleceram desde o início: o empenho em resguardar a sobrevivência do quadro constitucional e o esmagamento das raízes plantadas pelas organizações de esquerda. Assim como a tomada do poder se processou em tempo mais curto do que a previsão dos comandos militares e civis da revolução, também a segunda fase foi praticamente delimitada. A normalização imediata do setor do trabalho mostrou que o programa esquerdista não tinha vinculações autênticas com as massas operárias, mas apenas com as cúpulas sindicais. As lideranças esquerdistas não tinham intimidade, nem linguagem, nem convivência com as aspirações de classe dos trabalhadores.

As necessidades da tendência vitoriosa restringiam-se praticamente ao âmbito do Governo, vez que a maior parte do programa esquerdista brasileiro não excedia os limites do aparelhamento burocrático federal. As organizações que pretendiam reger do alto o comportamento das massas populares e operárias não dispunham de escalões intermediários para a ação política — e por isso se liquidaram.

Aliviada por um lado, a ideia ou revolução terminaria mais cedo e com menos esforço a tarefa que seus líderes e a opinião pública consideraram urgente e fundamental, para impedir qualquer possibilidade de rearticulação de uma revanche eleitoral. O desdobramento lógico da consolidação política e militar, a terceira etapa, teria de configurar-se no plano da ação administrativa dos projetos legislativos, e só depois da normalização do governo a ser composto pelas forças vencedoras.

O caráter verdadeiro do processo político pretendia impor-se na fase de normalização política e na absorção dos propósitos revolucionários na moldura constitucional, quando o Congresso se recompusesse pelo reconhecimento do projeto de revolução. Prevalecendo o caminho da recomposição constitucional imediata, a extinção dos focos políticos estaria delimitada, e não exigiria canais de exceção para esvaziar os temores. Ao contrário, porém, o aparecimento de novas dificuldades na área parlamentar, onde se localizaram as possibilidades de normalização a curto prazo, determinou a prevalência de soluções prioritárias por cima do Congresso, ditadas pelo instinto de defesa do comando revolucionário.

A capacidade de sobrevivência política dos partidos brasileiros estava em jogo no âmbito do Congresso: o reconhecimento e a absorção da revolução foram uma forma de aquietar a opinião pública atemorizada pelas esquerdas e de atender à aspiração de soluções reformistas, até então não claramente definidas.

VENCIDOS E VENCEDORES SEM TEMPO PARA PENSAR
19 de abril

Os setores atingidos diretamente pelo movimento armado que derrubou o governo João Goulart e inaugurou um período de repressão política de sentido antiesquerdista, com o banimento das figuras marcadas de improbidade na vida pública, não tinham ainda condições de se refazer da sequência de surpresas. Não houve tempo para a coordenação das ideias e dos fatos, nas áreas políticas responsabilizadas pela prática de um programa de esquerdização nacional.

Mas entre as forças que tomaram parte na responsabilidade política de pôr abaixo o governo Goulart, faltou também tempo de meditação para poupar o fôlego revolucionário e programar as ações, sem os riscos de agravar um estado de coisas difícil de sustentar perante a consciência democrática do País. Ficou clara a determinação de realizar rapidamente um processo de expurgo político, desde antes da ascensão do general Humberto Castelo Branco à presidência da República.

Ganhou apressadamente o movimento armado vitorioso a responsabilidade pela vida nacional, mediante a edição de um Ato Institucional que ficará, ao lado da decisão militar que desfez o governo, como caracterização do propósito de mudar o curso da solução dos problemas brasileiros, mas de maneira autoritária.

Cessara o intervalo em que as decisões militares se sobrepuseram à condução política do País, e que se acomodava à nova configuração constitucional do regime considerado movimento revolucionário. Começava a responsabilidade das forças políticas que referendaram a solução. Armado de poderes especiais e não convencionais, para o prazo indefinido de sua duração, o governo que se instala conta com a confiança dos setores políticos tradicionais, com a esperança da classe média e com um potencial indeterminado de alheamento político, que dá a tônica do estado de espírito até do operariado industrial.

A questão do impasse que se estabeleceu definitivamente entre Executivo e Legislativo, nos últimos três anos, depois de uma convivência longa e facilitada pela troca de favores, está superada por prazo fixado no Ato Institucional. Por força da supremacia em que o Executivo ficava situado perante os legisladores, nos vinte meses seguintes, o governo pretendia dar conta das tarefas urgentes e de vulto, caracterizadas pela esquerda, como reformas de base. Não importa, porém, o nome que viessem a ter as soluções que implicavam rever os fundamentos onde se localizavam os pontos de estrangulamento da economia brasileira e dos conflitos projetados por eles no plano social.

Essa perspectiva de normalização política e funcionamento de governo permitirá ao setor político banido do quadro nacional a oportunidade de avaliar suas possibilidades de comportamento e de reintegração futura, ainda que as ideias e teses passassem por uma revisão e viessem a ser patrocinadas por outras tendências.

Qualquer análise dos fatos encerrados no período militar, sem ilusões, teria de partir de dados objetivos. Era necessária uma grande dose de humildade a todos os que buscassem entender os acontecimentos, sem projetar neles o sentimento de derrota ou as ilusões que os levaram à perdição política. A história tem de ser a versão do ponto de vista triunfante, se quiser retirar os ensinamentos que a derrota encerra. Ao vencido é que cabe o peso de reconhecer e localizar a origem de seu desastre, se a reencarnação política é o que lhe resta como forma de sobrevivência no plano social.

Não houve no momento seguinte condições para essa recomposição política, sem os riscos de agravar novamente um quadro que se encaminhava para a normalização, à medida que se encerrava a fase de consolidação política das forças vitoriosas pelas armas, com apoio da opinião pública dominante. Antes de empreender a tarefa revisionista, as esquerdas abstiveram-se de responsabilidades políticas que lhes cabiam no momento em que a intenção revolucionária era lançada pelo governo na moldura política do Ato Institucional.

A falta de raízes sociais na máquina de ação esquerdista montada no governo Goulart deixou aos vitoriosos uma reserva intacta para o despertar da consciência popular nas áreas operárias, identificadas com o espírito e as práticas políticas, a começar pela vida sindical. Este seria o caminho natural para a integração dos setores do trabalho às responsabilidades da estabilidade social e política.

O preenchimento das lideranças do setor operário com figuras novas e autênticas teria de ser iniciado imediatamente, como forma democrática de banir a intermediação dos pelegos e o paternalismo, que se revelou incapaz de interessar os trabalhadores nas suas reivindicações de trabalho e nas aspirações de classe.

Como reagirão os setores políticos ultrapassados pelos acontecimentos e pelas soluções, se elas forem tomadas com discernimento e presteza política? A frustração a que se condenam, com a efetiva transformação do movimento armado numa revolução de consequências democráticas incontestáveis, não lhes ocorre nem por hipótese, porque as esquerdas ainda se nutrem da esperança de que não sejam alcançados os objetivos que se colocam agora nas mãos dos novos responsáveis.

No fundo, é a projeção do mesmo sentimento em que se envolveram, quando não foram capazes de perceber que falavam cúpulas e pequenos grupos radicais para eles mesmos, sem a devida audiência social. Estavam certos de que o curso histórico brasileiro repetiria, sem a menor imaginação, o que eles viram no cinema, uma guinada à esquerda estimulada pelo *Couraçado Potemkin* e pelo desconhecimento teórico dos problemas e da realidade nacional.

Foi durante os acontecimentos inesperados, a partir da renúncia do presidente Jânio Quadros, que apareceram ativamente na vida política brasileira os grupos de esquerda. Dos fatos, que denotaram uma consciência democrática decidida, alguns grupos de ação retiraram o alento necessário à ação que iriam empreender daí por diante, num crescendo de entusiasmo e enganos de avaliação que serviram mais para ampliar as distâncias que os separavam das classes sociais do que para aproximá-los das massas populares.

A partir daí, um setor de esquerda deixou-se tomar pelo espírito radical e cada vez mais se confinou às ilusões e aos enganos de que não se conseguiram libertar daí por diante. E acabaram empolgando o próprio governo Goulart, sem se darem, nem esquerdas nem governo, ao trabalho de verificar sua força real e de medir o potencial de todos os grupos políticos e setores sociais que resistiram a eles, prenunciando a frente única de opinião pública e decisão militar que iriam destroçá-los.

Seriam capazes de proceder em tempo útil à revisão de seus atos e à reavaliação das forças políticas? Se as esquerdas se derem conta, numa pesquisa minuciosa das causas de sua derrota, dos enganos fatais que cometeram, irão sentir-se também responsáveis pela criação de condições sociais e políticas para que se tomem iniciativas de envergadura democrática, ficando definitivamente para trás no conceito da opinião pública as teses e soluções radicais.

À medida que o novo governo se caracterize como capaz de uma revolução — isto é, que altere fundamentalmente a realidade brasileira naqueles pontos em que sua estruturação econômica, política e social não se ajusta às necessidades e possibilidades de desenvolvimento — as esquerdas perderão espaço.

Na origem do movimento que destroçou as esquerdas, estava a convicção de que o precedente histórico da esquerdização que comprometeu Goulart tem suas raízes no 11 de novembro de 1955. A retribuição do apoio eleitoral foi feita pelo PSD em forma de trânsito político a Goulart, segunda encarnação do getulismo encerrado em 1954. Na vice-presidência, no governo Kubitschek, Goulart restaurou e ampliou um esquema sindical que lhe assegurou a vitória em 1960 e por ele foi transformado em peça de governo, sem preparar-se para outro uso do poder além dos favores e proteções a setores específicos do trabalho. Daí a facilidade com que foi possível comprometer os setores estatais da economia brasileira no esquema político de esquerda, sem a contrapartida dos trabalhadores da faixa privada da economia nacional.

Sem identificar a causa profunda de seus erros, as esquerdas não conseguiriam tão cedo se refazerem da surpresa que as atinge, na constatação de que não foram capazes de dar expressão política aos anseios de classe do operariado brasileiro. Os setores que na classe média e no operariado, ambos dependentes da máquina do governo, se inclinaram à esquerda, estão disponíveis e aceitarão a substituição das lideranças comprometidas com velhos conceitos paternalistas do tempo de Vargas, e inseparáveis do peleguismo, apenas mudou de nomes e substituiu o lastro ideológico de algumas figuras pelo espírito de oportunismo e as vantagens do poder.

O VÁCUO DE LIDERANÇA E A PORTA ABERTA À TENTAÇÃO
17 de maio

Depois de um mês, o governo constituído na sequência dos fatos militares continuou dirigindo seu esforço principal no sentido da legalidade, aproveitando o impulso inicial para a conceituação das reformas de estrutura e a adoção de medidas econômicas e financeiras drásticas. O trabalho principal, pelos indícios existentes, é a colocação da ênfase revolucionária nas reformas brasileiras, reconhecendo-lhes a necessidade urgente e a prioridade sobre os demais problemas, inclusive a reestruturação política. As contradições, já perfeitamente caracterizadas na grande frente para depor o governo Goulart, manifestam-se de forma crítica no encaminhamento das soluções políticas. O setor interessado na manutenção do quadro político anterior ao movimento militar é o menos numeroso, mas conta naturalmente com o apoio potencial das forças não deslocadas de suas posições e aptas a se aproveitarem das oportunidades que o mínimo de modificações poderá lhe retirar.

Outro grupo caracteriza-se pelo radicalismo afinado com o estado de espírito condicionado na teoria e na preparação revolucionária. Sua posição de combate inspirou-se, na fase anterior a abril, no reconhecimento da existência da infiltração comunista e, depois, na necessidade de estender a todos os planos da vida nacional o processo repressivo. Essa era a tônica de sua conceituação política e o fôlego da ação em que se manteve. Não considerou encerrada a obrigação do movimento para com as suas origens.

Entre os dois grupos, busca o governo alargar a base de sua configuração reformista, como primeiro passo para estabilizar-se e tornar irreversíveis as alterações que vai propor, em medidas de urgência para as dificuldades financeiras e de longo alcance para as estruturas econômica, social e política.

O comportamento das três tendências impede, entretanto, o encaminhamento imediato da solução política, através da reforma que estenderia no tempo as alterações que o governo se propôs a realizar. Sem esse caráter, seu prolongamento no tempo estaria ameaçado e as medidas drásticas de contenção financeira não teriam sentido que justificasse o rigor e o prazo curto que as condicionavam.

Mas as reformas de estrutura (em preparação) também não significavam necessariamente a prevalência do espírito do movimento. A continuidade dos princípios que o governo procurava fixar ia exigir, por sua vez, a reforma política e partidária, sem a qual o controle das ações políticas passaria aos comandos tradicionais dos partidos e aos esquemas eleitorais vigentes.

Era visível que, nesse capítulo, a ideia de revolução hesitou: o governo procurou jogar todo o seu empenho nas medidas de urgência para impor a imagem de austeridade financeira e realismo de custos, enquanto elaborava os termos das reformas com a determinação de colocá-las em funcionamento imediato. Com isso, pretendeu contrabalançar os efeitos inevitáveis do lado negativo representado pela repressão. E ainda ganhou tempo para operar as transformações políticas, na expectativa de se beneficiar da confiança popular.

Configuradas as reformas numa dimensão realmente democrática, isto é, no sentido de abrir oportunidades oferecidas pelo desenvolvimento econômico (a correção das desigualdades sociais pelo progresso e o alargamento dos interesses fechados sob controle de pequenos grupos), o governo teria crédito político para propor, encaminhar e realizar reformas. Seria o início da segunda fase na democratização brasileira iniciada em 1946. Sem isso, os responsáveis pela orientação política da proposta de revolução sabiam perdido o esforço, porque não seriam removidas as causas que se manifestassem, no plano social, com raízes numa estrutura econômica que reduz os beneficiários do desenvolvimento nacional a parcelas pequenas. Sem a abertura de possibilidades novas e o aparecimento de estímulos fortes, numa hierarquia de oportunidades que interessassem aos setores dependentes do trabalho, perdurariam as motivações passadas e ninguém sentiria alargado o horizonte social.

A posição tática do governo Castelo Branco, em relação aos dois outros grupos políticos configurados enfaticamente na repressão e na continuação do quadro político, pareceu correta e realista. Enfrentar desde logo o problema da reforma política representaria o agravamento das contradições em que repousava o equilíbrio do movimento militar e social em curso. Ele esperava criar primeiro as condições de confiança popular. A autoridade política que alcançasse o encaminhamento normal das reformas poderia mostrar que as alterações no plano político não exigiriam o bloqueio das instituições democráticas.

Mas enquanto se reservou para lançar o problema na hora adequada, o governo foi objeto de crítica e até de desapontamento em grupos ainda presos a um conjunto de preocupações políticas. O estado de espírito de desapontamento em relação à conduta sóbria das figuras situadas no primeiro plano do governo foi percebido na classe média. A importância do desajustamento da parte mais aflita da classe média estava em que ela foi a grande contribuição de opinião pública ao governo. A insegurança que a levou às ruas nas demonstrações de massa (as marchas da família, com Deus e pela liberdade) evoluiu politicamente para uma aflição que o sentido repressivo das primeiras semanas não satisfez.

Nos meios que conseguiam dar expressão ao sentimento de insegurança, caracterizava-se o desejo de uma liderança para as medidas e as reformas de que o governo se fez portador. A classe média não discutiu as realizações, mas na sua insegurança sentiu a falta de uma figura que representasse, de forma pessoal, um papel forte, num primeiro plano ostensivo, para que a cena não permanecesse vazia de uma presença atuante.

Foi este sentimento a grande dificuldade política do governo, porque deslocou a classe média da posição em que se fixou na expectativa política e na solução de governo. As medidas em andamento e a reafirmação do compromisso de realizar as reformas, a curto prazo, estavam sem o interesse evidente da opinião pública, sobretudo as grandes parcelas da classe média dos maiores centros urbanos. As esquerdas desprezaram a classe média, por um engano de avaliação social e preconceito histórico. Naquele momento, o estado de espírito dessa classe média era de perplexidade, porque não estava certa de que bastaria fazer: sentia a necessidade de encenação política, de politização permanente, a fim de mantê-la interessada.

O funcionamento normal do governo não preenche a necessidade de liderança política. O vazio precisava ser ocupado, até que a classe média retomasse o domínio de suas emoções e raciocínios, mas foi aí que se configurou o aspecto mais grave das dificuldades políticas. O tempo que separaria as medidas iniciais e os resultados efetivos que elas comportavam era indeterminado. Os reflexos do saneamento financeiro, com o realismo e a determinação de urgência, geram insegurança política e conduzem ao desejo de liderança forte.

Está aí a grande dificuldade de encaminhar mais tarde a solução política.

As duas soluções políticas mais simples aparentemente — a eleição indireta dos futuros presidentes da República ou uma segunda tentativa parlamentarista — não atenderiam à maioria dos interesses políticos na área dos partidos dispostos à colaboração, nem dos grupos que representavam tendências distintas. As duas formas cogitadas encontrariam no máximo acolhida no Congresso. Nos dois casos, o Congresso passaria a árbitro político com o poder de escolha do presidente da República e alvo central das negociações que a encaminhariam.

A revisão de todo o processo político, ajustando as soluções aos imperativos do movimento militar, com uma reforma eleitoral e partidária, esbarraria nos quadros representativos do Congresso e no comando dos partidos. De qualquer forma, as representações parlamentares desempenhavam então um papel importante nas transformações gerais que o Governo pretendia realizar, com o apoio do Congresso. Só assim seria possível caracterizar o movimento, ao mesmo tempo, como revolucionário e como democrático. Havia dúvidas quanto ao conteúdo de poder do movimento militar, mas a ênfase nas reformas anunciadas poderia desfazê-las em pouco tempo. Havia receio quanto à garantia do compromisso democrático.

A imagem de normalidade que o Governo procurasse imprimir ao seu trabalho contrastava com a realidade recente. À politização utilizada por João Goulart no seu comportamento político, calçando-o com respaldo social, segue-se um período em que o presidente Castelo Branco adota rumo oposto. Procura caracterizar a normalidade política com o funcionamento do governo como um todo, e os governantes como figuras que não devem aparecer mais do que o necessário. As medidas propostas ao Congresso chegavam sem preparação ao conhecimento da opinião pública, na presunção de que o povão saberia entendê-las como projetos e propósitos elevados.

Daí decorreu o vácuo de liderança e a necessidade assinalada na classe média: orientação política capaz de garantir o encaminhamento e a sustentação dos objetivos da ideia de revolução. Entre a ansiedade anterior e as iniciativas atuais do governo, estudadas e propostas em nível técnico, havia uma área de atuação política que precisava ser preenchida democraticamente, antes que alguém se adiantasse a desempenhar por outros meios. Uma porta estava aberta para dar passagem a uma ambição – ou uma tentação no sentido oposto – qual seja, a direita assumida e presumida.

A QUESTÃO DO DESENVOLVIMENTO
24 de maio

A expectativa gerada pela deposição do governo de João Goulart em abril não se concentrava apenas na busca de uma grande solução política sob forma democrática e compromissos irreversíveis. As atenções voltaram-se também para medidas de natureza financeira, com o sentido de emergência para realizar, em prazo curso, o saneamento orçamentário. O julgamento completar-se-ia quando fosse feita a proposta oficial em relação ao desenvolvimento.

Setores aptos a responder pelas ideias que davam lastro civil e militar ao movimento de abril, em suas origens mais remotas e na elaboração de uma definição política, caracterizavam o compromisso de desenvolvimento econômico com a livre empresa e a colaboração do capital estrangeiro. Dentro do reconhecimento de que a aceleração do progresso é impossível sem a participação dos investimentos externos, e sem a expansão dos recursos nacionais, o movimento político vitorioso situou o desenvolvimento como a base de sua fundamentação nacionalista.

A posição a ser adotada diante do desenvolvimento econômico iria levar em conta a impossibilidade de realizar o Estado brasileiro a aceleração do progresso. Para essa tarefa, o governo reservava-se a orientação geral e o controle de estímulos destinados a interessar a iniciativa privada. Não era assumindo encargos de realizações improdutivas que o Estado poderia integrar as regiões desprovidas de interesse para os investimentos particulares, mas criando interesses para a iniciativa privada assumir os riscos e lançar-se às possibilidades de alargar mercados.

Dentro desse princípio geral – na opinião de homens que se prepararam para a emergência, na convivência dos problemas brasileiros focalizados como tema de estudos demorados – caberia ao Estado a orientação de uma política de estímulo direto ao investimento privado, através de financiamentos e de infraestrutura de transportes.

Tornava-se previsível a direção do esforço do governo para a área dos transportes ferroviário e marítimo, num prazo curto, com o objetivo de assentar as bases de um sistema capaz de assegurar o escoamento da produção pesada pelas vias clássicas e econômicas. O aparelhamento das estradas de ferro e dos portos, bem como todo um programa ferroviário e naval, iria situar-se diante do governo como responsabilidade específica, a fim de que pudesse delegar à iniciativa privada responsabilidades na produção agrícola e industrial.

O vulto desse empreendimento de infraestrutura iria explicar porque no programa do governo militar estava reservada uma parte específica de responsabilidade e possibilidades para a iniciativa privada. Onde ela pudesse chegar, a iniciativa pública se retrairia para evitar concorrência desnecessária. E, quando a iniciativa particular estivesse rarefeita, o Estado abrir-lhe-ia possibilidades estimuladoras do espírito de competição e lucro, sem os quais ela não é autêntica nem seria duradoura.

Essa posição de princípio entrelaçava os esforços das duas áreas e estabelecia uma confiança mútua, sem a qual a proposta não exerceria também o seu dever de conter os excessos representados pelos monopólios e todas as tentativas de controle do mercado. E, por ser uma posição de princípio, evitaria também os tratamentos de favor pessoal e político, por parte do Estado, à iniciativa privada.

O sentido moralizador da administração pública, uma das linhas dominantes do novo governo, tendia a evoluir na direção da eficiência administrativa, porque em pouco tempo se verificaria que as práticas excusas são frutos da desorganização e da ineficiência da máquina de governo. A institucionalização das comissões para recebimento, por exemplo, nos órgãos de administração pública que contratam serviço de empresas particulares, é decorrência da impontualidade nos compromissos financeiros assumidos pelo governo.

E aí se apresentaria o problema do aparelhamento da máquina administrativa, para dar-lhe rendimento e eficiência. Desde a arrecadação de impostos, que tende a se deslocar para ser cobrado diretamente na fonte, até os hábitos de pontualidade nos pagamentos, o governo deixar-se-ia dominar pela tônica de eficiência funcional.

O critério do transporte em termos econômicos e em condições de atender a grandes volumes daria prioridade ao aparelhamento rodoviário e marítimo, que não encontrou nenhum governo com coragem e disposição para enfrentá-lo. A era rodoviária, representada pela administração Juscelino Kubitschek, não poderia substituir por muito tempo a ausência dos sistemas marítimo e ferroviário. Além dos custos, a solução rodoviária representava um consumo de gasolina e derivados de petróleo para o qual não havia produção suficiente. E não resolve tampouco em termos de carga pesada. O espetáculo brasileiro de transportar minério a longas distâncias em caminhões era uma contradição que desafiava o governo. Uma das reivindicações antigas das empresas eram a expansão e o aparelhamento das redes ferroviária e marítima, para o escoamento da produção e a normalidade do mercado interno.

Libertando-se do desejo de estender sua presença aonde a iniciativa particular pode expandir-se por seus próprios recursos, o governo poderia concentrar-se nas atividades pioneiras e na criação da infraestrutura econômica.

A ênfase ideológica e emocional das teses nacionalistas não levou em conta contradições fundamentais na economia brasileira. O problema do capital estrangeiro era eminentemente político. As esquerdas deram aos interesses americanos um tratamento preferencial de repulsa popular, como se eles fossem piores do que os concorrentes europeus.

O sentido especificamente antiamericano da luta contra o capital estrangeiro levou as esquerdas a uma benevolência excessiva em relação aos outros interesses também empenhados em não evitar a competição.

Os exemplos de contradição abrigados pelo nacionalismo foram numerosos, mas ausentes dos debates. Havia casos em que firmas europeias queriam negociar projetos com o Brasil, mas insistiam em importar máquinas e equipamentos já produzidos aqui. Foram assinalados vários exemplos em que empresas americanas instaladas no Brasil passaram a defender o ponto de vista brasileiro, contrário à importação de máquinas fabricadas aqui.

DEPOIS

A queda do ritmo de desenvolvimento no último ano do governo Goulart coincidiu com uma retração deliberada do capital estrangeiro. As fontes de investimento externo estancaram diante da insegurança política.

A volta da política de coexistência pacífica, na base da reciprocidade de interesses, era posição de princípio do governo militar em relação ao capital estrangeiro. A sua capacidade política estaria à prova na articulação desses interesses com as prioridades econômicas brasileiras.

AS ESQUERDAS DEPOIS DE ABRIL
21 de junho

As esquerdas brasileiras não conseguiram até hoje fixar um ângulo comum e original para apreciar os fatos, a partir do momento em que perderam a iniciativa das ações políticas. Estavam divididas antes de abril e, depois, continuaram separadas na avaliação política dos acontecimentos. De modo geral, esperavam então o pior, do mesmo modo que esperavam o melhor antes da queda. Nesse estado de espírito interferiu diretamente a insuficiência de conhecimentos teóricos dos grupos em que se divide a esquerda brasileira. Não dispunham de mais amplo preparo além de uma formação política sustentada por preconceitos anteriores a elas. Os grupos de atividade esquerdista desse tempo tiveram experiência limitada. Os mais vividos eram os comunistas, conhecedores da grande repressão desencadeada no Brasil a partir do malogro do levante de 1935.[39]

---

39 Revolta comunista.

Para entender corretamente a perplexidade das esquerdas, depois de abril de 1964, é necessário levar em conta as condições em que seus grupos atuaram politicamente. Em primeiro lugar, constituíram-se em situação política favorecida. Seu aparecimento organizado processou-se depois do grande choque de opinião pública, que foi a renúncia de Jânio Quadros. O eleitorado vencedor, que acreditava ter feito uma *revolução pelo voto*, era da ordem de seis milhões. A surpresa da renúncia multiplicou o número dos que não conseguiram entender a razão do presidente e ficaram órfãos.

A vitória de Jânio Quadros não foi completa, porque na escolha do vice-presidente os seis milhões de votos se repartiram. O herdeiro potencial do vitorioso ficou sendo exatamente o candidato a vice-presidente na chapa do derrotado.[40] No entanto, quando Jânio Quadros renunciou e não soube oferecer, em fatos ou palavras, as razões para o seu gesto, a opinião pública cristalizou-se visivelmente em favor da posse do seu vice-presidente, João Goulart. No comportamento, a par do espírito legalista, um psicólogo de multidões poderia identificar também desejo de autopunição do eleitorado janista, que não se perdoava por ter sido enganado pelo candidato vitorioso em 1960. Afinal, entre a confiança perdida em Jânio e a desconfiança em relação a Goulart, não havia mais distância.

---

40 João Goulart foi candidato a vice-presidente na chapa PSD/PTB, encabeçada pelo general Henrique Teixeira Lott. As eleições presidenciais realizadas em 03 de outubro de 1960 foram decididas por uma diferença expressiva entre os três candidatos. Jânio Quadros, candidato eleito, obteve 5.636, 623 votos (48,27%), o segundo colocado, general Lott obteve 3.846,825 votos (32,93%) e o último colocado, Ademar de Barros, candidato do PSP e então governador do Estado de São Paulo, recebeu 2.195, 709 (19,56%).

O desequilíbrio político brasileiro iniciado na crise de agosto/setembro de 1961 não se ajustou ao parlamentarismo experimental e comprometeu o seu funcionamento. As esquerdas estrearam: era a primeira tentativa descentralizada de ação. Na área sindical, juntaram-se os interesses do PTB, os objetivos táticos dos comunistas e a oportunidade do grupo aproveitador tradicional, os pelegos criados pelo paternalismo de Vargas em ascensão social na corte de Goulart. Pela primeira vez, os estudantes esquerdistas tinham os favores do governo para a ação política de mobilizar e organizar a juventude. Grupos intelectuais dispuseram-se a ir mais longe do que puderam pretender nas oportunidades condicionadas pelo conflito mundial, na década de 1940, e pelo despertar do nacionalismo econômico e político, nos anos de 1950.

Todo o represamento de tendências encontrou formas de manifestação fora das oportunidades eleitorais, que se ofereciam a cada 5 anos. De 1946 a 1960 não houve atuação esquerdista no Brasil, exceto na breve existência legal do PCB. A sectarização, na linha do manifesto de agosto, marginalizou o Partido Comunista numa ação revolucionária platônica e nenhum outro grupo político substituiu-o no trato com o elemento de massas populares. Em 1950 os comunistas alhearam-se do processo eleitoral. Voltaram a ter alguma atividade além dos seus quadros, bastante reduzidas pelo sectarismo com que o partido se trancou na vida clandestina, na sucessão presidencial de 1955, e levando palpitação popular à última fase da campanha de Kubitschek. Em 1956 estourava no Brasil o efeito universal da denúncia oficial do stalinismo.

Até 1960, o Partido Comunista não conseguiu refazer os seus quadros, nos termos de sua estreia de 1945, na legalidade e nas ruas. Com a renúncia de Jânio Quadros e o malogro da tentativa de impedir a posse de Goulart, o PCB beneficiou-se da perspectiva de um campo aberto. Mas sofreu então a concorrência de outros agrupamentos, que se constituíram lentamente por força das campanhas nacionalistas e das várias formas de atuação e expedientes esquerdistas, na época anterior. Os núcleos de organização de massas esquerdistas estavam localizados no campo sindical e no campo estudantil. Ao redor deles agruparam-se entidades de graus políticos variáveis, mas a UNE e o CGT representavam a semente de um programa político que encontrava em 1961 a sua viabilidade natural. A ascensão de Goulart ao poder era a oportunidade esperada com paciência, pois a prevenção dos partidos em relação ao antigo ministro do Trabalho[41] que chegava a presidente era um dado importante. Os instrumentos preparados para serem utilizados encontravam, enfim, mãos interessadas em operar com eles.

As condições alteradas e a ausência de qualquer outra forma política em situação de resistir a Goulart, depois da frustração do movimento militar para impedi-lo, ensejaram às esquerdas o campo aberto à atuação de massas. As esquerdas cresceram, mas com o alento oficial. Tiveram uma experiência limitada a êxitos seguidos, na mobilização de massas operárias, e começaram a penetração no campo. A capacidade de agitação superou em muito a capacidade de organização. As esquerdas souberam motivar setores específicos da massa popular, mas foram incapazes de organizá-las.

---

41 Goulart foi ministro do trabalho de Getúlio Vargas, a partir de 1953. Neste período alcançou notoriedade, visto que esta foi a pasta de maior expressão durante os governos varguistas.

O resultado colhido no dia 31 de março de 1964 mostra que houve erro de cálculo e de informação para o teste proposto no comício do dia 13. Faltaram instrumentos capazes de operar uma ação política para a qual estavam preparados apenas oralmente. A inexistência de um centro de comando político, de onde partiriam as ordens, deixou claro que as esquerdas confiavam mais na iniciativa e no dispositivo militar de Goulart, do que no conjunto de entidades encarregadas de realizar a ação de massas.

Depois de abril, ficou mais evidente o despreparo revolucionário das esquerdas. Elas contavam apenas com a vitória e não lhes ocorreu a hipótese que acabou prevalecendo. Logo nos primeiros dias, alguns documentos mimeografados indicaram em alguns setores a disposição para luta subterrânea. Mas o teor dos manifestos deixava entrever o despreparo político. Os textos eram vazados numa linguagem quase estudantil. Faltava a perspectiva política na abordagem do problema da queda de Goulart. Os documentos desapareceram de circulação.

Dois meses e meio depois dos acontecimentos que apanharam de surpresa os agrupamentos de esquerda, os remanescentes daquele programa político continuavam revelando passividade diante dos fatos. De modo geral, os poucos que possuíam condições de formular politicamente não se emanciparam de pontos de vista anteriores ao sucedido em março. Continuam julgando os fatos e os homens com os conceitos que sustentavam antes, como se os adjetivos bastassem. Não levaram em conta o fato elementar de que recusavam, em nome da História, a possibilidade de ocorrência que os alijasse do processo político brasileiro. Situaram-se na linha de uma apreciação que se contentava em apresentar os fatos como influência do imperialismo americano, golpe reacionário, ação direitista e demais clichês.

Até então, não havia qualquer vontade de enfocar os acontecimentos de um ângulo realista. A começar pelo fato de que a maioria dos nomes de esquerda, em destaque e com alguma responsabilidade, não aceitou os resultados como definitivos. Limitaram os seus cálculos à eventualidade de um obstáculo no caminho oficial, fazendo retroagir as posições políticas à equação que Goulart armara em março de 1964. Essa posição não resultou de uma verificação dos dados disponíveis, porque foi feita de um ponto de vista subjetivo e levando em conta apenas a aparência e não o desdobramento dos fatos. As esquerdas foram marginalizadas e espreitavam a oportunidade de reingressar no curso político. Mas não sabiam como trabalhar em favor dessa possibilidade, exceto prevendo e denunciando o retrocesso.

Estariam mais próximas da realidade se desprezassem as aparências convencionais. Em primeiro lugar, era preciso levar em conta a segurança militar em que se apoiava o governo. Aferir as disposições políticas e psicológicas da oficialidade, que assumiu responsabilidade que não poderia mais descartar, seria outra atitude importante para a avaliação objetiva da situação. Quem não quisesse se equivocar mais uma vez, teria de entender que a queda de Goulart não resultou de um entendimento tácito entre as forças políticas tradicionais, na forma convencional das situações precedentes.

Quem admitisse, ao menos para efeito de raciocínio, que a situação poderia se alterar, mas no sentido de radicalizar o impulso inicial do movimento militar e político consumados em abril, teria aí o primeiro marco importante. Se existe risco potencial de um lado, radical e direitista, avantajar- se no processo político e preponderar de alguma forma, o dever elementar de qualquer grupo político banido pela revolução seria estabelecer logo a distinção entre as várias forças componentes de abril.

Era na própria correlação de forças dominantes que teria de ser verificada a contradição fundamental, e não num plano irreal, projeção de teorias e desejos abstratos. Desde as suas origens e ao longo de seu desdobramento, as forças mobilizadas em março e abril de 1964 evidenciaram uma unidade circunstancial e pouco duradoura. O governo foi constituído com a intenção de reformas óbvias. Houve demonstrações suficientes de desunião e improvisações. Os indícios de uma determinação reformista e democrática eram insuficientes para despertar confiança nos grupos políticos com possibilidades de sobrevivência.

Ao contrário, grupos políticos repetiram o erro assinalado no Egito, quando os partidos dispensaram o mesmo tratamento viciado à revolução. O nasserismo foi a confirmação revolucionária dos coronéis, dispensando a colaboração dos instrumentos políticos que não se mostraram aptos a entender o sentido social por trás da liderança militar que destronou a monarquia.

Depois de atender a um aceno do governo, já em condições de propor o diálogo político, o PTB comportou-se de maneira incoerente e irrealista. As modificações de estrutura tinham sido a bandeira política de Goulart e o novo governo quis empunhá-las. O PTB foi então convocado para assumir uma quota de responsabilidade no processo. A primeira reação foi apenas formal, a segunda francamente inepta: o líder do PTB cometeu o suicídio de declarar na Câmara que as reformas representavam menos do que as franquias democráticas feridas pela revolução.

Houve uma agravante: o líder do PTB fez a declaração no momento em que o presidente da República dava uma demonstração pública de moderação, reduzindo as proporções das punições políticas reclamadas com tanta veemência pelo setor radical do movimento que depôs Goulart. Com essa posição, o PTB correu o risco de se marginalizar no processo das reformas e de disputar, com o PSD e a UDN, uma posição liberal que era, na melhor das hipóteses, anacrônica.

De todas as expressões da esquerda, à época, o único agrupamento em condições de agir e evoluir politicamente, na etapa sequente, era o PTB. A representação trabalhista podia ter participação dinâmica na caracterização de tentativa de revolução que estava formulando seu programa depois de vitoriosa. O seu lastro de ideias era da pauta liberal e seu ímpeto era reformista. Abandonar as possibilidades de combinação desses dados já revelados pelo governo Castelo Branco levaria o PTB ao alheamento no processo político, deixando um espaço vago a ser preenchido por outro agrupamento político a ser inevitavelmente constituído. A política é incompatível com o vácuo.

A falta de visão política em março prolongou-se em miopia: sem enxergar bem à distância não é possível entender os fatos mais próximos. Quem viu o movimento militar como uma peça inteiriça cometeu engano irreparável. Não valeu a pena pagar para ver.

QUEM ERA QUEM NA CRISE BRASILEIRA DE 1964

Abelardo de Araújo Jurema (1914-1999). Ministro da Justiça.

Ademar de Barros (1901-1969). Interventor em São Paulo durante o Estado Novo. Governador eleito pelo PSP por dois mandatos (1947-1951 e 1962-1965).

Afonso Delellis. Líder sindicalista e Presidente do Sindicato dos Metalúrgicos de São Paulo.

Almino Afonso (1929-). Líder do PTB na Câmara. Ministro do Trabalho e Previdência Social.

Amauri Kruel (1901-1996). General. Comandante do II Exército, sediado em São Paulo.

André Fernandes de Souza. General. Chefe do Gabinete Militar entre 02 e 15 de abril de 1964, quando o general Ernesto Geisel assumiu o posto.

Anísio Spínola Teixeira (1900-1971). Diretor do Instituto Nacional de Estudos e Pesquisas.

Antônio Balbino de Carvalho Filho (1912-1992). Senador pela Bahia. Foi Ministro da Indústria e Comércio, em 1963.

Antônio Ferreira de Oliveira Brito (1908-1997). Político do PSD, deputado federal por vários mandatos. Ministro das Minas e Energia a partir de junho de 1963.

Armindo Marcílio Doutel de Andrade (1920-1991). Deputado federal, líder da bancada do PTB.

Assis Brasil (1909-1982). General. Chefe do Gabinete Militar de João Goulart.

Augusto da Cunha Magessi Pereira. Marechal. Presidente do Clube Militar.

Auro de Moura Andrade (1915-1982). Político do PSD paulista. Presidente do Senado, declarou vaga a Presidência da República em 02 de abril de 1964.

Badger Teixeira da Silveira (1916-1999). Governador do antigo Estado do Rio de Janeiro pelo PTB.

Cândido Aragão (1907-1998). Comandante-Geral do Corpo de Fuzileiros Navais. Teve atuação de destaque na crise que culminou com o pedido de demissão de Sílvio Mota, Ministro da Marinha.

Cândido de Oliveira Neto (1902-1973). Procurador-geral da República.

Carlos Frederico Werneck de Lacerda (1914-1977). Jornalista. Governador do Estado da Guanabara pela UDN. Pré-candidato às eleições presidenciais de 1965.

Carlos Meireles (1927-). Presidente do Conselho Nacional de Petróleo.

Dante Pellacani (1923-1981). Dirigente do CGT.

Darcy Ribeiro (1922-1997). Intelectual. Chefe da Casa Civil.

Egídio Michaelson (1908-1972). Político do PTB. Ministro da Indústria e Comércio.

Ernâni do Amaral Peixoto (1905-1989). Militar e político. Presidente do PSD.

Eurico Dutra (1883-1974). Marechal. Ex-presidente da República (1946-1950). Fazia oposicão a João Goulart.

Expedido Machado de Ponte (1919-2010). Político do PSD. Ministro da Viação e Obras Públicas.

Francisco Clementino San Thiago Dantas (1911-1964). Escritor, jurista e professor. Político do PTB. Articulador da "frente ampla" de apoio às reformas de base propostas por João Goulart. Foi Ministro da Fazenda em 1963.

Francisco Lacerda de Aguiar (1903-1983). Governador do Espírito Santo.

Francisco Raimundo da Paixão (Chicão). Sindicalista e membro do PCB.

Hércules Correa (1930-2008). Dirigente do CGT e membro do PCB.

Humberto Castelo Branco (1897-1967). Marechal. Assumiu a Presidência da República, em 15 de abril de 1964, eleito pelo Congresso Nacional.

Ildo Meneguetti (1895-1980). Governador do Rio Grande do Sul pelo PSD. Adversário de Leonel Brizola no Estado elegeu-se pela coligação PSD/UDN/PL.

Jair Dantas Ribeiro (1900-1969). General. Ministro da Guerra. Comprometido com a defesa do governo, esteve ao lado de Goulart no comício de 13 de março de 1964.

João Belchior Marques Goulart (1919-1976). Conhecido também como Jango. Vice-presidente eleito em 1960, pelo PTB, na chapa contrária, assumiu a Presidência da República após a renúncia de Jânio Quadros, em 1961. Governou sob o regime parlamentarista de 1961 a 1963, quando o País voltou ao regime presidencialista através de um plebiscito.

João Pinheiro Neto (1928-2006). Advogado. Presidente da Superintendência da Reforma Agrária (SUPRA)

Jorge Carone Filho (1929-2010). Prefeito de Belo Horizonte pelo PSD.

José Anselmo dos Santos (1941-). Conhecido como "cabo Anselmo". Presidente Associação dos Marinheiros e Fuzileiros Navais do Brasil (AMFNB). Liderou a rebelião dos marinheiros e fuzileiros navais.

José Araújo Plácido. Líder sindical. Secretário-geral do Sindicato de Metalúrgicos de São Paulo, em 1963.

José de Magalhães Pinto (1909-1996). Governador de Minas Gerais pela UDN. Uma das principais lideranças políticas de oposição ao governo de João Goulart.

José Gomes Talarico (1915-2010). Líder do PTB na Assembleia Legislativa da Guanabara.

José Lemos de Avelar. Tenente-Coronel. Chefe de Polícia de Brasília.

Júlio Furquim Sambaqui (1906-1982). Ministro da Educação.

Juscelino Kubischek de Oliveira (1902-1976). Deputado federal em 1945, governador de Minas Gerais em 1950. Ex-presidente da República (1956-1960) e Senador pelo Estado de Goiás, eleito em 1962. Sua candidatura à Presidência da República pelo PSD nas eleições de 1965 foi lançada em 20 de março de 1964.

Leonel de Moura Brizola (1922-2004). Ex-governador do Rio de Grande do Sul. Deputado federal do PTB pelo estado da Guanabara, eleito em 1962. Cunhado e liderança próxima a Jango.

Luis Carlos Prestes (1898-1990). Dirigente e senador pelo PCB, partido que acabara de retornar à legalidade.

Max da Costa Santos. Deputado federal pelo PSB e membro da FPN.

Miguel Arraes de Alencar (1916-2005). Governador de Pernambuco pelo PST.

Nei Neves Galvão (1902-1990). Ministro da Fazenda. Político do PSD.

Neuza Goulart Brizola (1921-2011). Irmã de João Goulart. Esposa de Leonel Brizola.

Nicolau Fico. General. Comandante Militar de Brasília.

Olavo Bilac Pinto (1908-1985). Jurista, professor e político. Deputado federal pela UDN.

Olímpio Mourão Filho (1900-1972). General. Comandante da 4ª Região Militar e da 4ª Divisão de Infantaria do I Exército, sediados em Juiz de Fora (MG). Deu início ao movimento de tropas que afastou João Goulart da presidência.

Osvino Ferreira Alves (1897-1981). General da reserva. Militar da corrente nacionalista. Presidente da Petrobras.

Oswaldo Pacheco (1918-1993). Dirigente do CGT. Membro do PCB.

Pascoal Ranieri Mazzilli (1910-1975). Político do PSD paulista e deputado federal por vários mandatos. Presidente da Câmara dos Deputados. Assumiu a Presidência da República após a deposição de João Goulart e ficou no cargo até 15 de abril de 1964, quando assumiu o Marechal Humberto Castelo Branco.

Peri Constant Bevilacqua (1899-1990). General. Adepto da corrente nacionalista, foi Comandante do II Exército, cargo do qual foi afastado em 1963. Assumiu o Estado-Maior das Forças Armadas, posto que não lhe dava comando de tropas.

Paulo Mário da Cunha Rodrigues (1895-1985). Almirante. Assumiu o Ministro da Marinha em 27 de março de 1964, após a demissão de Sílvio Mota.

Paulo Melo Bastos. Militar aposentado e dirigente do CGT.

Pedro Aleixo (1901-1975). Deputado federal pela UDN.

Pedro Paulo de Araújo Suzano (1903-1978). Almirante. Adepto da corrente nacionalista. Foi Ministro da Marinha entre 1962 e 1963.

Raul Ryff (1911-1989). Jornalista. Secretário de imprensa do governo de João Goulart.

Roland Corbisier (1914-2005). Deputado Federal pelo PTB. Filósofo e jurista, foi também Diretor do Instituto Superior de Estudos Brasileiros (ISEB).

Sérgio Nunes de Magalhães (1916-). Deputado federal pelo PTB e presidente da FPN.

Sílvio Borges de Souza Mota (1902-1969). Almirante. Ministro da Marinha. Renunciou em 25 de março de 1964 após a crise gerada pela comemoração conjunta do aniversário da Associação de Marinheiros e Fuzileiros Navais, na Petrobras. Foi substituído pelo Almirante Paulo Mário Rodrigues.

Silvio de Azevedo Heck (1905-1988). Almirante. Fez oposição a João Goulart desde 1961, quando junto com outros militares vetou a posse de Jango após a renúncia de Jânio Quadros.

Sinval Bambirra (1933-2003). Sindicalista. Deputado estadual pelo PTB.

Wladir Pires (1926). Consultor-Geral da República no governo de João Goulart.

ÍNDICE ONOMÁSTICO

Afonso, Almino – 53
Aguiar, Francisco Lacerda de – 48, 69
Alkimim, José Maria – 111
Aleixo, Pedro – 63
Alves, Osvino Ferreira – 36, 57, 68
Andrade, Armindo Marcílio Doutel de – 52, 73
Andrade, Auro de Moura – 89, 111
Aragão, Cândido – 57, 68, 70-73, 75, 78, 85, 87
Arraes, Miguel – 38, 41, 43, 47, 50, 84, 87
Assis Brasil – 68
Avelar, José Lemos de – 58, 89
Bambirra, Sinval – 53, 80
Barbosa, Rui – 59
Barros, Ademar de – 77, 79, 84

Bilac Pinto, Olavo – 63
Brizola, Leonel de Moura – 36, 38-40, 43, 44, 49, 52, 55, 56, 61, 65, 66, 68-70, 79, 83, 85, 87, 112, 120
Brizola, Neusa Goulart – 62, 63
Café Filho, João Fernandes Campos – 124-126, 130
Campos, Milton – 118
Campos, Orlando – 44
Carone Filho, Jorge – 65
Castelo Branco, Humberto – 145, 153, 156, 170
Clement, Georges – 73
Corbisier, Roland – 82
Correia, Hércules – 66, 67
De Gaulle, Charles – 116
Delellis, Afonso – 58
Dutra, Eurico – 52, 59
Estilac Leal, Newton – 126, 127

Fico, Nicolau – 88
Galvão, Nei Neves – 40, 46, 50, 55
Goulart, João Belchior Marques
– 34, 36-41, 43, 45-55, 57-79,
81, 83-89, 93-99, 103-106,
109, 112-114, 117-121, 128-
131, 134, 140-142, 145, 149,
151, 156, 161, 164-170
Heck, Sílvio de Azevedo – 75
Jurema, Abelardo – 35, 84
Kennedy, John Fitzgerald – 115, 116
Kruel, Amauri – 79, 83, 84
Lacerda, Carlos – 45, 51, 52, 77, 102-107, 128, 129, 131
Magalhães Pinto, José de – 77, 80, 83, 107
Magalhães, Sérgio Nunes de – 58, 60
Magessi Pereira, Augusto da Cunha – 81
Mazzilli, Pascoal Ranieri – 88, 89
Meireles, Carlos – 63
Melo Bastos, Paulo – 62, 66, 82
Meneghetti, Ildo – 77
Michaelsen, Egídio – 55
Mota, Sílvio Borges de Souza – 57, 67, 68, 70, 71
Mourão Filho, Olímpio – 80
Oliveira Brito, Antônio Ferreira de – 46, 118
Oliveira, Cândido de – 89

Oliveira, Juscelino Kubitschek de
– 51, 52, 55, 59, 81, 102-107,
110, 123-135, 149, 159, 165
Pacheco, Oswaldo – 70, 71, 83, 141
Paixão, Francisco Raimundo da
– 44
Peixoto, Ernâni do Amaral – 47
Pellacani, Dante – 66, 70
Pinheiro Neto, João – 35, 39, 46, 64, 65, 95
Pires, Waldir – 89
Plácido, José Araújo – 58
Ponte, Expedito Machado de – 46
Prestes, Luís Carlos – 46, 47, 48, 66, 68
Quadros, Jânio – 109, 111, 115, 117, 148, 164, 166
Ribeiro, Darcy – 58, 59, 70, 88, 89, 141
Rodrigues, Paulo Mário da Cunha – 72, 74, 75, 78, 81
Ryff, Raul – 70
Sambaqui, Júlio Furquim – 45
San Thiago Dantas, Francisco Clementino – 37, 48, 54, 56, 66
Santos, José Anselmo dos – 72, 75
Santos, Max da Costa – 66
Silveira, Badger Teixeira da – 40
Souza, André Fernandes de – 89
Suzano, Pedro Paulo de Araújo
– 78, 81

ÍNDICE ONOMÁSTICO

Talarico, José Gomes – 60
Távora, Juarez – 126
Teixeira, Anísio – 46

Vargas, Getúlio Dornelles – 36,
49, 53, 59, 65, 67, 124, 126,
150, 165

LISTA DE SIGLAS

ABI – Associação Brasileira de Imprensa
ACB – Ação Católica Brasileira
CGT – Comando Central dos Trabalhadores
CNP – Conselho Nacional do Petróleo
CNTI - Confederação Nacional dos Trabalhadores na Indústria
CONTEL - Conselho Nacional de Telecomunicações.
DAC – Departamento de Aviação Civil
DNEF - Departamento Nacional de Estradas de Ferro
DNER - Departamento Nacional de Estradas de Rodagem
DOPS - Departamento de Ordem Política e Social
FMP - Frente de Mobilização Popular
FPN - Frente Parlamentar Nacionalista
PCB – Partido Comunista do Brasil (Partidão)
PL – Partido Liberal
PSB – Partido Socialista Brasileiro
PSD – Partido Social Democrático
PSP – Partido Social Progressista
PST – Partido Social Trabalhista
PTB – Partido Trabalhista Brasileiro
PTN – Partido Trabalhista Nacional

SUPRA - Superintendência de Política Agrária
UBES - União Brasileira dos Estudantes Secundaristas
UDN – União Democrática Nacional
UNE - União Nacional dos Estudantes

Este livro foi diagramado utilizando a fonte Minion Pro e impresso pela Gráfica Rotaplan, em papel off-set 90 g/m² e a capa em papel cartão supremo 250 g/m².